Hartmut Draeger

Werner Sylten - Pädagoge der Mitmenschlichkeit und Märtyrer im Nationalsozialismus

Hartmut Draeger

Werner Sylten - Pädagoge der Mitmenschlichkeit und Märtyrer im Nationalsozialismus

Fromm Verlag

Cover image: StiftungLutherhausEisenach

Publisher:
Fromm Verlag
is a trademark of
International Book Market Service Ltd., member of OmniScriptum Publishing Group
17 Meldrum Street, Beau Bassin 71504, Mauritius

Printed at: see last page
ISBN: 978-613-8-35143-6

Fromm + Verlag

Werner Sylten - Pädagoge der Mitmenschlichkeit und Märtyrer im Nationalsozialismus

Seine Heimpädagogik 1925 - 1936 nach den Prinzipien und Strukturen des Jenaplans

Hartmut Draeger

*Diese Arbeit <u>widme ich</u> meinem / unserem verehrten Lehrer **<u>Eberhard Röhm</u>** anlässlich seines 90. Geburtstags am 11.09.2018*

Pfarrer Dr. päd. hc. Eberhard Röhm war in der gymnasialen Oberstufe des Albert-Schweitzer-Gymnasiums zu Leonberg in den Jahren 1961-1964 unser Lehrer in den Fächern Evangelische Religion und Philosophie, letztere gut frequentiert auch in der 0. Stunde. Am Mittwoch in der 1. Stunde konnten wir sein Predigtangebot wahrnehmen. Gegenüber dem Religionsunterricht vorangegangener Jahre führte E.Röhm einen stärker dialogischen Unterricht, kam immer auch - in Verbindung mit dem jeweiligen „Stoff" - auf aktuelle Themen wie die SPIEGEL-Affäre im Herbst 1962 oder die damals noch umstrittene Thematik der Kriegsdienstverweigerung zu sprechen. Prägend für mich war seine Einführung in die historisch-kritischen Forschung der biblischen Schriften. Seine sehr persönlich-familiären Erinnerungen an die Konflikte, um den in den Schulen des „Dritten Reiches" oft „deutsch-christlichen" (also nationalsozialistisch verfälschten) evangelischen Religionsunterricht, aus dem ihn seiner Zeit sein Vater „herausgeholt" hatte, waren auch ein Bekenntnis zu kritischem Umgang mit den nicht selten manipulierten oder ideologisch gesteuerten „Wahrheiten" damaliger und heutiger Zeit.
Röhm weitete den Raum des Lernens aus, indem er auch Busfahrten zu Konzerten in Stuttgart oder Zeitzeugen-Erleben, etwa mit einem Auftritt Martin Niemöllers in Ludwigsburg ermöglichte.
Wir sahen uns wieder an „meinem" Kreuzberger Gymnasium, wo er sein gerade fertiggestelltes Buch über den ersten evangelischen Kriegsdienstverweigerer (Hermann Stöhr) präsentierte. Das war aber erst ein Anfang seiner immensen historiographischen Produktion, auch zusammen mit Co-Autoren wie Prof. Dr. Thierfelder oder PD Dr. Hartmut Ludwig. Später habe ich hie und da kleinere holländische Texte (zuletzt auch zusammen mit meiner holländischen Frau) für seine Forschungsarbeiten übersetzt. Bei einer Übersetzungsarbeit stieß ich auch wieder auf Heinrich Grüber, der für die Rettung der evangelischen Rasseverfolgten, der so genannten Judenchristen seine Kontakte in das Land seiner holländischen Mutter einsetzte und seine Briefe natürlich auf Holländisch verfasst hat. Dr. Röhm hat nicht nur viele Bücher zur Geschichte der Judenchristen im „Dritten Reich" - die Buchreihe Juden-Christen-Deutsche ist mittlerweile Standardwerk - geschrieben. Er hat im Rahmen der von ihm gegründeten KZ-Gedenkstätte Leonberg auch zahlreiche Kontakte mit ehemaligen Gefangenen des Leonberger KZs oder posthum mit ihren Familien gepflegt. Viele der noch lebenden Betroffenen wurden nach Leonberg eingeladen und konnten die Orte ihres Leidens wiedersehen, nun herzlich begrüßt und umgeben von gut informierten und aufgeschlossenen neuen LeonbergerInnen. Heute erinnert auch eine Tafel am Bahnhof Leonberg an das einstige KZ, und aus der Leonberger Mitte führt der „Weg der Erinnerung" hinauf zum Engelberg-Tunnel, in dem Arbeiter aus vielen Ländern zur NS-Kriegsproduktion gezwungen wurden. - Mit dieser Arbeit über Sylten schließt sich also auch für mich ein wenig der Kreis, denn Werner Sylten war in seinen Berliner Jahren Mitarbeiter, dann auch kurz der Nachfolger von Heinrich Grüber, bis die Politik der Nazis ihn ins Gefängnis am Alexanderplatz, dann nach Dachau, schließlich nach Schloss Hartheim in Österreich trieb, wo er im August 1942 den grausamen Tod durch Vergasung erlitt. - Wir Heutigen brauchen viel Kraft und Einsicht, um die auch in Leonberg so sinnfälligen Untaten der Nazis in ihrem Charakter und Umfang zu begreifen, zugleich einen an der Historie geschärften Blick, um die vor uns liegenden Probleme zu bewältigen. Röhm hat uns Wege eines neuen, zukunftsweisenden, befreienden Umgangs mit unserer Geschichte gewiesen! Danke, Eberhard Röhm!

Inhalt S.

Hartmut Draeger (2018):
Werner Sylten - Pädagoge der Mitmenschlichkeit und Märtyrer im Nationalsozialismus.
Seine Heimpädagogik 1925 - 1936 nach den Prinzipien und Strukturen des Jenaplans

1. Leitgedanken

„So viel einer kann, so viel kann er ins Leben rufen,
kann er Ursache sein und Schöpfer,
ein Etwas von sich aus beginnen lassen,
Anfang, Ursprung eines Werdenden sein...
und so liegt auch hier die Quelle aller Schöpferlust und -freude
des rechten Erziehers.“ [1]

„Wir wollen...*bewusst Erziehungsheim sein, immer mehr Erziehungsheim werden.* Das bedeutet schwere, aufreibende Arbeit voller Enttäuschungen und Bitterkeiten, dauernde Stellungen von Anforderungen an sich und die Zöglinge, immer wachsende Belastung mit Vertrauen, immer stärkere Bindung an objektive Werte, immer neue Unterdrückung von Antipathie, *immer neues Glauben, Hoffen, Lieben*, ungeachtet aller Müdigkeit, allen Misserfolges, aller Ablehnung, aller Enttäuschung und aller Entmutigung.“ [2]

Die „Aufgabe Syltens (im „Büro Grüber“, der „Evangelischen Hilfsstelle für Rasseverfolgte in Deutschland) machte ihn *zu einer der bekannten Persönlichkeiten der Bekennenden Kirche*, aber wurde für ihn auch der Anlass zu seinem Martyrium.“ [3]

2. Schwerpunkte dieser Arbeit

Dieser Beitrag will

A) im Zusammenhang des Lebenswegs, Studienentscheidungen und beruflichen Entwicklungen Syltens die *Grundzüge seiner Heim-Reform in*

---

[1] Petersen (1931), Ursprung der Pädagogik, S.129

[2] Syltens Jahresbericht 2, 1927/28, S.13, zitiert nach Krautwurst (1996), S.30, Hervorhebungen H.D.

[3] Hartmut Grüber (1992), Rede, S.10, in: Martin Krautwurst (1996), HAK 4, (=Handakte Krautwurst, Band 4) Hervorhebung H.D.

Bad Köstritz im Kontext der Jenaplan-Pädagogik einer breiteren Öffentlichkeit vorstellen.

B) Hierbei ist Krautwurst (1996) wichtiger Ausgangspunkt für erweiterte Einblicke in Syltens Pädagogik. Besonders wertvoll und ergiebig erweisen sich dabei nun die bisher kaum erschlossenen Materialien der Handakte von Krautwurst (HAK), besonders in den Teilen 2,3 und 4. Sie liefern viele zusätzliche, die Gesamtsicht von Syltens Auseinandersetzung mit dem NS vertiefende und bereichernde Einsichten. [4]

C) Sie will den *Weg Werner Syltens in der Weimarer Republik und im „Dritten Reich" von neuem* nachzeichnen und reflektieren.

Hier gilt es, aus der Fülle der guten Darstellungen seit Köhler (1978; 1980), Röhm (1993) und Krautwurst (1996) bis hin zu den Thüringer Kirchenhistorikerinnen und -Historikern Böhm (2008) und Kogge (2008) die wichtigsten historisch-biographischen Fakten zu bündeln, einiges neu Entdeckte einzubringen und eine angemessene Interpretation und Wertung auf der Höhe der heute möglichen Erkenntnisse zu versuchen. Die Tagebücher der Marie Begas (2016), die nun endlich nach fast 60 Jahren der versteinerten Fronten der deutschen Geschichtsaufarbeitung das Licht der Öffentlichkeit erreicht haben, liefern dabei auch auf unserem speziellen Themenfeld hochinteressante Einblicke.

3. Theologische und sozialwissenschaftliche Studien Syltens

Als Sohn des aus Königsberg stammenden Juden, des Chemikers Dr. Alfred Silberstein und der aus dem Elsass stammenden Protestantin Emma Bertrand wurde Werner Sylten gleich nach der Geburt evangelisch getauft. 1897 konvertierte der Vater zum evangelischen Glauben und nahm den Nachnamen Sylten an.

Sein Religionslehrer im humanistischen Gymnasium in Lohr am Main, Pf. Kahler beeinflusste Werner Syltens Entscheidung, Theologie zu studieren.[5] Sylten war stark durch das Erlebnis der Jugendbewegung geprägt. [6]Als Student wurde er Mitglied des Schwarzburgbundes, einer nichtschlagenden Studenten-Verbindung.

---

[4] Siehe Handakte Krautwurst (HAK), Teile 2; 3; 4 - mit den Protokollen der Vorstandssitzungen, den noch vorhandenen Ausgaben der Zeitschrift „Grüße aus dem Thüringer Mädchenheim Bad Köstritz", Aktenmaterial aus den Archiven, schließlich Briefe, Dokumente, Erinnerungsberichte, Schriften, Urkunden, Zeitungsartikel.

[5] Krautwurst, (1996) S.2

[6] Vergl. Handakte Krautwurst (**HAK**) 4, Propst Heinrich Grüber In Memoriam Werner Sylten, S.1

Das Theologiestudium wurde durch seinen Einsatz als Kriegsfreiwilliger Jahre lang unterbrochen. Bei der Entlassung 1918 war er Offiziersaspirant.
Nach dem Krieg schloss er sich noch einem Freikorps an. [7] So war Sylten auch deshalb „zunächst betont deutschnational eingestellt.“ [8]
Werner Sylten sah bereits im Theologiestudium und im Vikariat die Wichtigkeit der „sozialpolitischen Verantwortung“ der Kirche. An der Universität in Berlin absolvierte Sylten im WS 1920/1921 auch ein Zusatzstudium in Nationalökonomie und Sozialpädagogik, lernte bei Friedrich Siegmund-Schultze Sozialarbeit in den Arbeitervierteln Ostberlins kennen, sammelte weitere soziale Erfahrungen in seinem Jugendvikariat 1922 in Göttingen und in seiner etwa zweijährigen Arbeit 1923/24 als Pastor am „Frauenheim Himmelsthür“ bei Hildesheim.[9]

4. Das „Thüringer Frauenasyl“ vor Sylten

Das Thüringer Frauenasyl war 1896 als Stiftung des Fürsten Heinrich XIV., Reuß jüngere Linie in Bad Köstritz gegründet worden. Heimträger war die Innere Mission. Andere Heime in der Umgebung sind für Krautwurst Beispiele dafür, wie wenig sich in jenen Jahren reformpädagogischer Geist in solchen Einrichtungen durchgesetzt hatte. Dort herrschte regelrecht Krieg zwischen den Erzieherinnen und der Anstaltsleitung. Die Mädchen wurden herumkommandiert und „gezüchtigt“, dem Willen ihre Erzieherinnen oder ihres Anstaltleiters unterworfen, an den Haaren gezogen, mit Stockschlägen aufs Gesäß traktiert, mit Essensentzug oder Arrest bestraft. „Strenger Arrest“ wurde in geschlossener und verdunkelter Einzelzelle durchgeführt. Zweck der Strafe war in erster Linie Vergeltung, auch psychische Gewalt gehörte zu den Mitteln „erziehlicher Liebe“. In ihrer Verzweiflung versuchten die jungen Frauen immer wieder dem Heim zu entfliehen oder es gar in Brand zu stecken, auch von einem Suizid wurde berichtet.[10] Manfred Kappeler und Sabine Hering sehen in jenen Jahren eine „Allianz von Kirche, Psychiatrie, Strafjustiz und Pädagogik“, als „Motor der Sozialdisziplinierung“. Das im Juni 1922 verabschiedete „Reichsgesetz für Jugendwohlfahrt“ (RJWG), das

---

7 HAK 4, Hartmut Grüber, Pf. Werner Sylten - Leben und Werk“. Rede bei der Gedenkfeier der Ev. Kirche Berlin-Brandenburg am 31.8.1992 in der Kirche „Zur Heimat“, veröffentlicht auch in „Ev. Sammlung“ vom 1.10.1992, S.2-10) S.4

8 Meier (1976), 454, Anm. 974; Zitat nach HAK 4, Literatur zum Kirchenkampf: 2. Blatt

9 Röhm, (1993) S.320, Ludwig (2014), S.340

10 Krautwurst (1996) S. 5-7. 9.

erstmals in § 1 das *Recht* jedes deutschen Kindes auf Erziehung proklamierte, war in weiten Teilen durchaus vom Geist einer Reform getragen. Es stellte damit die grundlegende *Wende vom „Zwang zur Erziehung“ zum „Recht auf Erziehung“* dar. Aber es änderte sich an der Praxis in der Mehrheit der bestehenden Anstalten fast nichts. Der Widerstand der konservativen Träger gegen alle Reformbemühungen verhinderte mit Erfolg alle Auflagen, die sie zur Veränderung der „Regelpraxis“ gezwungen hätten.[11]

Aufgrund seiner großen Erfahrungen wurde Pf. Sylten „auf Wunsch des Verwaltungsrates des Thüringer Frauenasyls“ nach Bad Köstritz geholt. Er wurde von der Eisenacher Kirchenleitung der Evangelisch-Lutherischen Kirche in Thüringen (dem Landeskirchenrat, LKR) Anfang Januar 1925 mit der Leitung des Thüringer Frauenasyls beauftragt.[12] Der Landeskirchenrat und die „Innere Mission“ (heute „Diakonisches Werk“) waren kirchlicherseits für das Heim zuständig, aber auch die Stiftung und das Thüringer Innenministerium - v.a. in Fragen der Zuweisungen von Mädchen ins Heim und bei Stellenbesetzungen - hatten ein Mitspracherecht.

Ab 15.1.1925 übernahm Sylten die Leitung des Heims. [13].Werner Sylten traf im „Thüringer Frauenasyl“ auf Zustände, die denen vieler anderer Heime glichen: Auch Köstritz war eine streng autoritäre, knastähnliche Anstalt mit Gewaltstrafen. Die jungen Mädchen liefen in gestreifter Anstaltskleidung, zu den Strafen gehörte „hartes Lager“, „Arrest bei Wasser und Brot“, im Speisesaal aß man in schöner hierarchischer Ordnung: auf erhöhtem Segment die „Schwestern“ an blütenweiß gedeckten Tischen mit üppigen Gerichten wie Bockbraten. Die „Asylistinnen“ mussten hingegen mit ominösem Eintopf vorlieb nehmen; ihnen war ihre erschreckende Unterernährung anzusehen.[14]

---

[11] Vgl.Kappeler/Hering (2017), S. 8.11. Auch heute sei die Umsetzung beschlossener Reformen im Bereich der Jugendhilfe, speziell beim Partizipationsgebot, noch immer nicht erfolgt.(Vgl. ebd, S.31)

[12] Köhler (2017), S.14; Krautwurst (1996), S.10 f.; Ludwig (2014), S.340 f.

[13] Krautwurst (1996) S.5.11.26

[14] Krautwurst (1996) S.7 f.

5. DAS „THÜRINGER MÄDCHENHEIM“

5.1 Die Verwandlung des Heims - Petersenkontakt und Jenaplan-Einflüsse

Wegen vieler Beschwerden stand das Heim kurz vor der Schließung. Das drohende Aus konnte aber durch die Übernahme des Heims durch Werner Sylten verhindert werden. Christoph Kähler - 2001-2008 Landesbischof der Evangelisch-Lutherischen Kirche in Thüringen - spricht 2004 im Rückblick von einer „unglaublich schnellen und erstaunlich gründlichen Verwandlung einer Verwahranstalt in eine echte Fürsorge.“ [15]
Ausschlaggebend für die Fähigkeit Syltens, das Werk dieser Verwandlung anzupacken, waren zweifellos seine große Vorbildung und Erfahrung, seine Orientierung an Johann Hinrich Wichern[16], starken Berührungen mit der neuen „pädagogischen Bewegung“ (Nohl, Weniger, Flitner)[17], besonders der Reformpädagogik Petersens sowie seine Fähigkeit zur umfassenden Kooperation und Kommunikation mit allen Betroffenen im Heim, seine sozialethische Entschlossenheit, seine religiös-sozialistische Einstellung, die den *gesellschaftspolitischen Rahmen aller Erziehung*[18] mitdachte. Wichtig waren auch seine große Tatkraft und sein Organisationstalent. Hinzu kam, dass er bereits in Himmelsthür „einen Kreis von geeigneten Erzieherinnen gesammelt“ hatte und nach Bad Köstritz mitbrachte. [19]
Syltens Ziele waren durchaus ambitioniert: Er wollte ja alles tun, „um die Ergebnisse der modernen Pädagogik für die Fürsorgeerziehungsarbeit auszuwerten.“ [20] Auch nach den ersten sehr großen Erfolgen will er weiter „dem Ziel entgegen, das uns vorschwebt und doch ewig unerreichbar bleiben wird.“ [21]

In der traditionellen Fürsorgeerziehung wurden die damals sogenannten „Mädchen“ („Zöglinge“, Jugendliche ab 14J., heute eher als Fürsorgeschülerinnen zu bezeichnen) nur als zu disziplinierende Angehörige

---

[15] Kähler (2005), S.236

[16] Krautwurst (1996) S.54 f. u.ö.

[17] Propst Heinrich Grüber „In Memoriam Werner Sylten", S.1, HAK 4

[18] Vgl. hierzu heute die 20 Basisprinzipien von Jenaplan 21, besonders Bpp. 6-11! (Both (2015) 238 f.

[19] Ludwig (2017), S.5; HAK, 1, Jb 1, S.3 - die in Krautwursts Handakte unpaginierten Jahresberichte werden hier in ihrer Reihenfolge: S. 1 ff. zitiert!

[20] Propst Heinrich Grüber „In memoriam Werner Sylten", S. 1, HAK 4

[21] HAK, 1, Jb 2, S.2

der Unterschicht, als schwer erziehbare Halbwüchsige oder als zu verhäuslichende Frauen eingestuft.[22] Sylten, der als religiöser Sozialist auch an den urchristlichen Ideen der Gleichheit und an der Frauenemanzipation orientiert war, lehnte diese traditionellen Raster ab. „Schwere Erziehbarkeit" akzeptierte er nicht als permanenten Zustand. Eine an den Erziehungsmodellen Wicherns und Petersens ausgerichtete neue Raumverteilung und Raumgestaltung sowie die stufenweise Heranführung bestimmter „schwieriger Mädchen" an die Gepflogenheiten des Heims schufen ein Klima positiv erlebter Veränderungen. Dazu gehörte auch, dass nun neue Kleidung für jedes Mädchen erwünscht war und die *alte Uniformität aufgehoben* wurde. [23]
Nicht zuletzt der von Sylten ausgehende Geist der *Liebe und Geduld* prägte das Heim. Damit war Sylten in seiner Praxis schon sehr nah an der Jenaplan-Pädagogik, die das christliche Gebot der *Nächstenliebe und das Prinzip echter Fürsorge* im Zentrum hat.[24]

Die Verwandlung des Köstritzer Heims spiegelt sich hauptsächlich in den *zehn „Jahresberichten"*, die Sylten über den Zeitraum Januar 1925 bis einschließlich März 1936 erstatten konnte. [25] Sie sind auch die wichtigste Grundlage für die Diplomarbeit Martin Krautwursts, der in seiner Diplomarbeit im Fachbereich Religionspädagogik an der Theologischen Fakultät der Friedrich-Schiller-Universität als erster die Pädagogik Syltens ausführlich gewürdigt hat. Außerdem erschien in den Jahren 1933-36 nach dem Muster von Wicherns „Fliegenden Blättern" eine eigene *Monatszeitschrift „Grüße aus dem Mädchenheim in Bad Köstritz"*, von deren Exemplaren noch 16 erhalten und in der „Handakte" von Martin Krautwurst einzusehen sind. Die 80 Seiten umfassende Diplomarbeit von 1996 wurde 2018 in einem Verlag veröffentlicht.[26] Die Handakte befindet sich jetzt in der Nachfolgeeinrichtung des Thüringer Mädchenheims „WENDEPUNKT Bad Köstritz - Jugendhilfe-zentrum". [27]

---

[22] Kappeler/Hering (2017), S.9. Köhler (2017), 17, spricht mit den Worten der damaligen Zeit von „Zwangserziehungsanstalt mit ‚gestrauchelten' Mädchen".

[23] Kogge (2008), 9

[24] Vgl. Kees Both (2009), S.29 f.; Petersen: "absichtslos füreinander da (sein) und *tätig*" sein", vgl. Petersen (1996), S.16; Hervorhebung Petersen.

[25] Siehe „Jahresbericht 0" bis Jb 13 in der Übersicht der Jahresberichte!

[26] Siehe im Literaturverzeichnis Krautwurst (2018)!

[27] Anfragen an das Jugendhilfezentrum an christian.lippmann@wendepunkt-ev.net

Interessant für uns ist in diesem Zusammenhang Peter Petersens Beschäftigung mit dem Thema der Heimerziehung. Der Besuch des Landerziehungsheims am Ammersee war für Petersen bereits 1912 ein „Schlüsselerlebnis" und Ausgangspunkt für seine Gemeinschaftspädagogik auch in der Schule.[28] Im September 1924 hielt er bei einer Tagung des „Archivs Deutscher Berufsvormünder" in Lübeck einen Vortrag über „Jugendfürsorge als Erziehungsarbeit". Auch hier finden sich schon im ersten Teil des Vortrags grundsätzliche Gedanken über „Erziehung", welche nicht nur die Schulwelt , sondern das ganze Leben durchdringe und präge. So spricht er über die „Verbundenheit" zwischen den Menschen und das Übernehmen fremder Gedanken und Gefühle: „Dieses Übernehmen ist keineswegs bloßes Übernehmen. Vielmehr ruft das fremde Streben oder Fühlen und Denken unser Streben, Fühlen und Denken wach, ein gleiches oder ein widerstreitendes. *Wir werden erst am andern unser selbst inne, leben nicht mit ihm, sondern leben an ihm erst auf... ...und so (beginnt) das Wachstum des Selbst*, das stets das Wachstum eines eigentümlichen, eines von a l l e n anderen unterschiedenen Selbst ist."[29] In seinem Hauptwerk, der „Führungslehre des Unterrichts" betont Petersen ebenfalls die „Grundtatsache des Lebens", „dass der eine des andern bedarf, um Mensch zu werden..." [30] In seinem Lübecker Vortrag unterstreicht Petersen die hohe Bedeutung der Gemeinschaft, denn „aus Gemeinschaftskräften strömt des Menschen Bestes" und daher sei nun „reichste Entfaltung eines wertvollen, beste und schönste menschliche Gesinnung anregenden Gemeinschaftslebens erforderlich." [31]

Dies hat auch Sylten so gesehen und praktiziert. Peter Petersen, der in Jena als Professor lehrte und die Universitäts-Übungsschule seit Ostern 1924 leitete, stand nach Aussage von Zeitzeugen mit Werner Sylten in Kontakt. [32] Wir sehen in Bad Köstritz eine erstaunlich „treue", zugleich relativ

---

[28] Vgl. Petersen (1996) S.9

[29] Petersen (1925), S. 268 f. Hervorhebungen - kursiv: Draeger, gesperrt: Petersen

[30] Petersen (1937) S.91 f.

[31] Petersen (1925), S.283.285

[32] Krautwurst (1996), S.55; Krautwurst nennt allerdings keine Belege für eine direkte Kontaktaufnahme zwischen beiden.

eigenständige, kreative Übertragung der reform-pädagogischen Ansätze Petersens [33], die in erster Linie für das Schulsystem gedacht waren, in die Erziehung und Fürsorge im Köstritzer Mädchenheim. Mit Syltens „neuem Konzept begann die äußere und innere Umgestaltung des Heimes." [34]
Zu den äußeren Veränderungen gehörte die Umbenennung des Heims von „Thüringer Frauenasyl" in „Thüringer Mädchenheim" sowie eine Satzungsänderung vom Oktober 1925. Als „Erziehungsanstalt" im Sinne der Inneren Mission sollte "die Fürsorgeerziehung an arbeitsfähigen, schulentlassenen minderjährigen Mädchen ab 14 zur Verhütung oder Beseitigung von Verwahrlosung" durchgeführt werden, „um ihnen den Wiedereintritt in geordnete Lebensverhältnisse zu ermöglichen." (Als minderjährig galten damals Mädchen bis einschließlich 21. Lebensjahr, H.D.) Im Abschnitt (2) dieser Satzung wird bereits im Wesentlichen das *„Programm" Syltens* klar: „Als Mittel zu diesen Zwecken dient ein familiengemäßes Zusammenleben auf Grund einer christlichen Hausordnung und die *Ausbildung in allen Arbeitszweigen einer tüchtigen Hausfrau oder zu einem geeigneten Berufe* sowie der Unterricht in allen Fächern der Mädchen-Berufsschulen." [35] Das Heim war dem Evangelischen Reichserziehungs-verband (EREV) angeschlossen.[36] Petersen propagierte *auch für die Heimerziehung freie Formen des Unterrichts*, keine Nachahmung des üblich gewordenen Schul-Unterrichts, dazu freie Kurse nach Neigungen. Lehrer oder Leiter soll auch nur gelegentlich erscheinende Praktiken „zu einem Plane stets zusammenschließen" [37] also selbst kreativ in der Er-Findung sachdienlicher neuer Inhalte und Strukturen sein.

---

[33] Vgl. Kähler (2017), 125, der dazu auffordert, auch weiteren Einflüssen Syltens - in Himmelsthür und bei Siegmund-Schultze in Berlin - nachzugehen.

[34] Krautwurst (1996), S.11

[35] Krautwurst (1996), S. 12; im Jahresbericht 6 vom März 1933 wird die *Beruf*sorientierung von Sylten aber mit Blick auf die neu einsetzende Frauen-Politik der NS-Diktatur vorsichtig zurückgenommen: neben der vorrangigen Erziehung zur „Hausfrau und Mutter" wird nun eine „Fachausbildung" ausdrücklich nur „in wenigen Ausnahmefällen" erwähnt. (HAK 1, Jb 6, S. VI)

[36] Thierfelder (2006), S. 453

[37] Vgl. Petersen (1925), S.291

In allem folgt Sylten der Forderung eines *engen Zusammenhangs von Theorie und Praxis* bei Petersen.[38] Darüber hinaus kann sich eine pädagogische Einrichtung wie ein Heim oder eine echte „Gemeinschafts-schule" nur entwickeln, wenn auf *die beiden Pole* äußere, strukturelle, methodische *sowie* die innere, „geistige", an den Werten der Menschlichkeit orientierte Erneuerung des Zusammenlebens in je sorgfältiger Abstimmung geachtet wird. [39]

5.2 Die Erzieherinnen- und Erzieher-Gemeinschaft im Thüringer Mädchenheim

Der schon in Himmelsthür gesammelte Kreis von Erzieherinnen, vor allem Marianne Mehnert, seine Frau Hildegard und Brunhilde Lehder, bewährten sich als Kern des neuen Erzieherinnenteams. In Köstritz wollten Werner und Hildegard Sylten „die gemeinsam in Himmelsthür gelernten und entwickelten Ideen umsetzen." [40] Es war Hildegard Sylten, die ihre einstige Mitstudentin Marianne Mehnert von Himmelsthür nach Bad Köstritz holte. Werner Sylten machte Mehnert 1927 zur Oberin des Heims.[41] Wie Marianne Mehnert in ihren Erinnerungen schreibt, wollte Sylten von Anfang an „ganz neue Wege gehen, die Ergebnisse *neuer Pädagogik* jetzt verwirklichen und somit für die *Arbeit der Fürsorge* lebendig und fruchtbar werden lassen." Mehnert wurde Sylten gerade in den Anfangsjahren zu einer ganz wesentlichen Stütze. Sie spürten nach der Beseitigung der veralteten Anstaltserziehung das Besondere einer solchen „gemeinsamen Arbeit eines völlig neuen inneren Aufbaus." [42] Sylten und seinem Team kam es vor allem auf ein *gutes Miteinander aller Beteiligten* an, wobei Unterschiede von Stellung oder

---

[38] Vgl. Petersen (1925), S.291 und Krautwurst (1996) S.20.Vgl. heute auch die Jenaplan-Basisprinzipien bei Both (2015), 239 (dort die Basisprinzipien 11 und 20). Karin Kleinespel plädiert im Zusammenhang „experimenteller Schulentwicklung" und „Pädagogischer Tatsachenforschung" dafür, „die dichotomische Gegenüberstellung von Wissenschaft und Praxis aufzugeben zu Gunsten eines vielfach gestuften Systems von Nähe und Ferne wissenschaftlichen und praktischen Handelns." Kleinespel (2001), S.36

[39] Vgl. Petersen (1984), S. 227

[40] Kogge (2008), S.9

[41] Köhler (1978) S.20 f.

[42] Vgl. Köhler (1980), S.18. Siehe auch den ganzen Bericht: Mehnert (1978) LKA Eisenach, jetzt sogar in der fast unveränderten Neuedition des Köhler-Bandes von 1978: Köhler (2017), S.25-30

Funktion keine Rolle spielen sollten.[43] Wie in der Universitätsschule Petersens wurde auch hier *Demokratie als Teilhabe aller, als "Kultur" und "Lebensform"* begriffen.[44] In seinem Aufsatz über Jugendfürsorge hebt Petersen die „Offenheit in allen Beziehungen" wie in einer Familie, die Selbsttätigkeit der Kinder und Jugendlichen hervor. Es gehe ihm darum, die Kräfte der Kinder und Jugendlichen „zu lösen, frei zu machen"; Krautwurst erkennt auch in Syltens Heim die Mitbestimmung aller Beteiligten. [45]

Laut Marianne Mehnert galt Syltens besondere Fürsorge dem Kreis der Mitarbeiterinnen. „Er war nie der Befehlende, dafür war er selbst viel zu demütig: dankbar für jede Anregung, für jeden Verbesserungsvorschlag, der dann gemeinsam besprochen und erwogen wurde." Er verfügte über „die seltene Gabe eines Vorgesetzten: Unrecht einzusehen und sich für Missverständnisse entschuldigen zu können."[46] Die Aufgabe der Erzieherinnen bestand nach Sylten darin, Einsicht und Verständnis, Achtsamkeit, Schutz und Hilfestellung für die Mädchen zu gewähren. „Unermüdliche Geduld" bei der Mobilisierung der eigenen noch verborgenen Kräfte der jungen Menschen sei erforderlich. Aufsicht in Form von äußerem Zwang war nicht erwünscht. Marianne Mehnert: „Es war eine *feine und lebendige Zusammenarbeit* zwischen Pfarrer Sylten und dem Mitarbeiterkreis." Sylten spricht von einem „recht guten Zusammenhalt im Kreis der Erzieherinnen, es herrsche ein frischer, froher Ton darin."[47] Es gab *"wöchentliche Mitarbeiterabende* mit wichtigen Besprechungen über unseren Dienst, dazu gehörte aber immer auch ein Vortrag, eine Buchbesprechung, ein Bericht über wichtige Tagungen, von denen Pf. Sylten neue Anregungen oder kritische Fragen mitbrachte." Sylten brachte auch selbst Referate ein, zum Beispiel im Sommer 1926 über Eduard Sprangers Buch „Psychologie des Jugendalters". Sylten unterstützte und hielt auch Bibelstunden, - u.a. führte er in die Prophetenbücher des Alten Testaments Amos und Hosea (mit ihrer Kulturkritik und sozialen Botschaft) ein.[48] Jede Mitarbeiterin konnte ihrerseits an Tagungen teilnehmen und berichten. Im Winter 1925/26 übernahmen die Erzieherinnen je ein Referat im Anschluss an die

---

[43] Krautwurst (1996) S.15.; Krautwursts Anm..27 verweist auf Petersen (1925), S.288 f.

[44] Siehe Peter Fausers Urteil zur demokratiepädagogischen Qualität der Universitätsschule Jena in: Fauser, Peter (2012), S.225 f.; vgl. auch Retter (2007), S.825

[45] Vgl. Petersen (1925), S.284 f. 287. Krautwurst (1996), S.20

[46] Köhler (1978), S. 23. 26

[47] HAK 1, Jb (Jahresbericht) 2, S.12

[48] HAK 1, Jb 2, S.12

Schriftenreihe „Schwer erziehbare Kinder“. *Ausbildung und ständige Weiterbildung* gehörten ja zum Selbstverständnis und zur Praxis der Mitarbeiterschaft. [49] Auch bei Johann Hinrich Wichern gab es durch das regelmäßige Abhalten von Erzieherkonferenzen bereits ein System institutioneller Zusammenarbeit.[50] Im Thüringer Mädchenheim galt das Prinzip einer humanen und an der Wissenschaft orientierten demokratischen *Kooperation* auf *allen* Ebenen, - der der unmittelbaren Erziehungsarbeit in den kleinen Familiengruppen, der Zusammenarbeit *aller* Betroffenen des Heims einschließlich der Eltern, dann auch auf der Leitungsebene, - wie sie auch der heutige Jenaplan anstrebt. [51] Durch die Art seiner demokratischen Leitung, seines Kooperations- und Kommunikationsstils war die „Entwicklung“ des Heims niemals abgeschlossen, - es blieb von der großen Zielsetzung her immer noch etwas zu tun. So wünschte Sylten bereits im zweiten Jahresbericht vom März 1928 mit Blick auf die traurige Vergangenheit des „Mädchenasyls“ eine dynamische humane Entwicklung, eben allseitige „Erziehung" im Sinne des Jenaplans: „Wir wollen auch in keiner Weise nur ‚fideles Gefängnis‘ sein, sondern bewusst Erziehungsheim sein, *immer mehr Erziehungsheim werden.*“ [52] Dies bedeutete schwere Arbeit, hohe Anforderungen an sich, die Mitarbeiterinnen und an die Zöglinge. Gerade in den Zeiten der aufs Heim durchschlagenden Wirtschaftskrise und Finanznot 1931 kam es dann nicht mehr nur auf die „Angebote“ an, nicht nur aufs Fördern, sondern auch auf das Fordern. Sylten hält nun für möglich, dass „nach einer Zeit stärkster Individualisierung... eine *Zeit stärkerer Betonung allgemeinverbindlicher Pflichten* und Anforderungen im Blick auf die Gemeinschaft“ kommen könnte. [53]

Zu den besonders wichtigen Mitarbeiterinnen des Heims gehörte auch *Brunhilde Lehder*, die später - nach dem Tod von Syltens erster Frau - zur Lebensgefährtin Werner Syltens wurde. Aus Jena kam ihre Schwester *Herta Fischer* zu Besuch, die gerade dabei war, ihre Prüfungen bei Prof. Peter

---

[49] Vgl. HAK 1, Jb 1, S. 7; ADE (Archiv für Diakonie und Entwicklung Berlin) CA / Stat.Slg. 1725

[50] Vgl. Meyer (1997), S. 21

[51] Vgl. Draeger, (2018), S.53 f. Kähler spricht hier von einer „Gemeinschaft der Verantwortlichen“. (Kähler (2017), 128)

[52] HAK 1, Jb 2, S.13, Hervorhebung H.D.

[53] Vgl. Jahresbericht (4) vom April 1931, nach Krautwurst (1996), S.33. Kähler nennt Syltens „inneres Konzept dieser Fürsorge....das Konzept der Selbstverantwortung fordernden und fördernden Familiengruppen.“ (Kähler (2017), 124)

Petersen vorzubereiten.[54] Die junge Examenskandidatin regte das pädagogische Gespräch im Heim weiter an und fand in Sylten einen sehr intessierten Zuhörer. Sie diskutierten intensiv das Buch von Petersen über die „Neueuropäische Erziehungsbewegung“ (1926).[55] Auch andere Schriften Petersens wurden im Kreis der Erziehenden gelesen und bedacht.[56] Später kam es auch zu regelmäßigem Erfahrungsaustausch mit Leitern anderer Heime. In diesem Zusammenhang lernte Sylten auch bereits den Berliner Pfarrer *Heinrich Grüber* kennen.[57]

Sylten setzte sich auch für eine gerechtere Bezahlung seiner Mitarbeiterinnen ein, wie er auch die Zöglinge mit einem Taschengeld am Gewinn durch den Verkauf kleinerer selbstgeschaffener Werke am Gewinn beteiligte, was wiederum Freude auslöste und zur Motiviertheit der jungen Frauen beitrug.[58]

[54] Nach Walter Syltens Angaben im „Sommerinterview“ (s.u. Danksagung!) besuchte Herta Fischer öfter ihre Schwester in Köstritz und später auch wieder in Berlin.

[55] Köhler (1980), S.24

[56] Kähler (2005), S.236

[57] Krautwurst (1996) S.30

[58] Nach Krautwurst (1996), S. 23 f.

5.3 Raumgestaltung

Sylten gelang es, im Interesse der pädagogischen Neugestaltung umfangreiche *Baumaßnahmen* in Gang zu setzen - trotz Inflation und Weltwirtschaftskrise. Aus den großen Schlafsälen entstanden durch Umbau eigene den Familien angepasste Wohnungen. Sylten registriert, dass auch die Mädchen die Vorteile der wohl überlegten neuen Raum-Strukturen und der zeitlichen Abläufe „sehen". Die den Lernenden zur Verfügung stehenden Kategorien von Raum und Zeit wahrnehmen und gestalten, - dies sind auch wichtige Merkmale der Jenaplan-Pädagogik [59]; die Heimküche erhielt einen besonderen Lehrbereich. Die Zimmer der „Familien" wurden ausgebaut und renoviert. [60]

Neu errichtet wurde eine Krankenstation, Untersuchungszimmer, Bäder mit Warmwasserversorgung, Toiletten und eigene Gebäude für Sonderzwecke. Eines der Neubauten wurde nach Syltens Vorbild „Wichernhaus" genannt. Auch ein neuer, Andachtssaal wurde gebaut. Der neue Saal war schön und einfach gehalten. Statt der festen Bankreihen gab es bewegliche und damit multifunktional einsetzbare Stühle, wie in den modernen Jenaplan-„Schulstuben" jener Jahre. [61] Hier könnte bei kleinerer Zahl der Anwesenden auch einmal die *Stuhlformation als Kreis* oder Halbkreis (vor dem Altar) gestaltet werden. Die kommunikative und interaktive sowie didaktisch Funktion der verschiedenartigen Kreisgespräche im Jenaplan[62] träte an dieser Stelle allerdings zurück. Der übliche (Montag-)Morgenkreis in den Jenaplan-

[59] HAK 1, Jb 2, S.5, vgl. auch Both (2015), S. S.155 ff.159 ff

[60] Krautwurst (1996), S.13

[61] Vgl. die Fotos bei Krautwurst (2018), S. 17-19. 21.24 und Petersens Beschreibung (1996), S.49f.

[62] Vgl. Both (2015), S. 50, 64 f. und öfter

Stammgruppen hat wie eventuell auch ein täglicher Morgenhalbkreis im Köstritzer Andachtsraum eine diesen Zeitraum eröffnende Funktion und trägt zur Rhythmisierung des Tagesablaufs bei.[63]
Um die Gewöhnung der Mädchen an das neue Heim schrittweise zu vollziehen, gab für die erste Phase eine „Aufnahmegruppe". Das Köstritzer „Wichernhaus" war für besonders schwer erziehbare Mädchen eingerichtet, die auf Grund ihrer oft dramatischen Vorgeschichte (Vergewaltigungen in der Familie, Flucht aus anderen Heimen etc) eine strengere, aber dennoch liebevolle Erziehung erfahren konnten. Bei ihnen wurden auch die tüchtigsten und erfahrensten Erzieherinnen eingesetzt. Die Familien sorgten selbst für die *Wohnzimmergestaltung.* So bekamen die Zöglinge das Gefühl, etwas Eigenes geschaffen zu haben und es in Ordnung zu halten.[64]

5.4 Christliches Leben im Heim

Sylten wünschte den „Gemüts- und Geisteszustand" im Heim nachhaltig zu fördern. Bei der täglichen Morgenandacht wurden - entgegen bisheriger Gewohnheit - auf Syltens Anregung hin abwechselnd auch Erzieherinnen im Sinne des „Priestertums aller Gläubigen" einbezogen. Gerade dieses Vorleben einer auf breiteren Schultern getragenen und gelingenden Gemeinschaft machte bei den zu erziehenden Mädchen starken Eindruck.[65]
Bei feierlichen Anlässen trat der Mädchenchor auf, Instrumentalmusik erklang.[66] In seinem Jahresbericht 1932/33 erwähnt Sylten auch den Lichtbilder-Vortrag aus dem „Wirken des großen christlichen Arztes und Missionars Albert Schweitzer". [67]
Frl. v. Bychelberg vom Ev. Jungmädchenbund hielt nicht nur eine Andacht im Heim, sondern sondern führte auch „in Wesen und Inhalte des neuen Liederbuches" ihres Verbandes ein. [68] Auch die Theatergruppe hatte eine wichtige Funktion: „Der *freie Auftritt vor der Gruppe und dem Publikum* diente

---

[63] Zu den Kreisfunktionen und Formationen s.a. Petersen (1984), S.98 ff. Zur Beweglichkeit des Schulmobiliars s. Petersen (1996), 36 f. 49

[64] Krautwurst (1996), S.14 f. 16-18. 24. Vgl. Both (2015), S.111 f.

[65] Köhler (1978) S.24; Wendler (1926)

[66] Krautwurst (1996), S.24 f.

[67] Vgl. HAK, Jb 6, S.VII, und Petersen (1937) S.242

[68] HAK 1, Jb 6, S.VII

zugleich der Förderung und Festigung des Selbstbewusstseins“, wie es der Feierkultur des Jenaplans entspricht. [69]

Der liebevolle Umgang im Heim zeigte sich auch darin, dass der Erzieherkreis lange und bewusst überlegte, was den Mädchen bei bestimmten Anlässen *geschenkt* werden könnte.

Sonntags gab es keinen Unterricht, dafür Spaziergänge mit den Heim-Familien, auch mal Drei-Tage-Wanderungen. Nach Petersen sollte die rechte Naturverbundenheit auch durch Pflege von Tieren und Blumen entwickelt werden. In den *Waldgottesdiensten* in der Nähe des Heimes ging Sylten auch

[69] Vgl. Petersen (1925), S.291; Krautwurst S.25; heute s.a. Teensma, Nanouk / Draeger, Hartmut (2018), S.395

inhaltlich auf die Natur ein. [70] Die Wanderfreudigkeit der Heimfamilien war von Anfang an auch beeinflusst durch die *Jugendbewegung,* die zugleich eine starke Wurzel der Jenaplan-Bewegung darstellt. Im Haus stand allen eine gute Bücherei und Spiele zur Verfügung. Sylten besorgte selbst Extrafreikarten für Besuche des Reußischen *Theater*s in Gera. Konfirmationen, auch Trauungen wurden durchgeführt, selbst Taufen von Kindern von Zöglingen.[71] Der hohe Stellenwert des Musikalischen bei Petersen und Sylten zeigt, dass nicht nur die kognitive Ebene, sondern auch die emotionale Ebene der jungen Menschen im Sinne einer *ganzheitlichen Erziehung* erreicht werden soll.[72] Syltens *kulturprotestantische Offenheit* [73] im Umgang mit Natur und Kultur ist zweifellos eines der Geheimnisse seines Erfolgs als christlicher Pädagoge. Aber auch seine Freiheit im Umgang mit der kirchlichen Tradition und liturgischen Formen verhalfen der christlichen Erziehung im Heim zu neuer Lebendigkeit und Glaubhaftigkeit.

5.5 Charakter der Arbeit

Die Arbeit der Mädchen sollte keine leere „Beschäftigung"' sein, sondern *„sinnvolle Arbeit".* Die Arbeitsräume wurden zu wirklichen *Lehrbetrieben* umgestaltet. [74] Die Mädchen bekamen beim Abgang das *Zeugnis einer Haushaltsschule* mit Hinweisen auf besondere Neigungen. [75] „Es sind dies

---

[70] Vgl. Kogge (2008) 10. Hierzu gehört auch Albert Schweitzers Maxime der „Ehrfurcht vor dem Leben", welche in Petersens Hauptwerk eine zentrale Stellung einnimmt.(Petersen, 1937, S.94) Der Jenaplan-Pädagoge und Naturexperte Kees Both verweist heute im Zusammenhang ökologischer Krisen auf die Wichtigkeit einer „Pädagogik der Hoffnung" (Lea Dasberg) und auf die Pflicht der Erzieher „vorzuleben, dass das Leben Sinn hat und die Welt aller Mühen wert ist." Both (2018), p.19

[71] Vgl.Krautwurst (1996), S. 25 f., Petersen (1925), 290 f.; zur Verbindung zwischen Jugendbewegung und Jenaplan, besonders auch zur „Jugendkultur" und der Forderung eigenständigen Handelns vgl. auch Draeger (2015) , S.(1- 20) bes.1-4 und Kappeler/ Hering (2017), S.11 f. und 30 f.

[72] Vgl. Petersen (1925), S.286 und Krautwurst (1996) S.25; auch im heutigen Jenaplan wird auf Ganzheitlichkeit, Erfahrungsorientierung, „Kulturträgerschaft" größter Wert gelegt. Siehe die Basisprinzipien 4, 5 und 10 sowie „Fühlen" als Teil einer guten Kompetenzentwicklung. Vgl. Both (2015), S.100. 238 f. Der Jenaplan lehnt auch im Bereich der Schule die Reduzierung des Lernprogramms allein auf die drei kognitiven Fächer ab, die oft zu Lasten des musischen Unterrichts geht.

[73] Siehe auch die regelmäßigen Vortragsabende mit Schriftstellern und über Dichter, Gedenkfeiern für Mozart etc.(HAK 1, Jb 4, S.X f.)

[74] HAK, 1, Jb 2, S.5

[75] Vgl. auch die Wahl- und Neigungskurse bei Petersen, s. Petersen (1996), 83

alles Dinge, die heute [1978] selbstverständlich sind, die aber in der damaligen Fürsorgeerziehung *etwas ganz Neues* waren.“ , konstatiert Marianne Mehnert.[76]
In seinem Lübecker Vortrag betont Petersen den Vorrang der *erzieherischen Werkarbeit*. Diese mache die Zöglinge „existenzfähig“: Man kümmere sich zum einen „sorgfältig...um die Entgleisten“... Das „werkunterrichtliche Tun“ ziele andererseits auf Verdienstfähigkeit. Sylten sieht ebenfalls beides: Schon in seinem ersten Jahresbericht 1925/26 betont er: „Die technische Ausbildung soll zugleich Mittel zum Zweck sittlicher Festigung sein“ [77]
Sylten will mit dieser Verbindung „schulischer“, „theoretischer“ Ausbildung mit der Befähigung zu sinnvoller Erwerbsarbeit „draußen“ auch dem möglichen Rückfall von „Fürsorgezöglingen“ - *nach* einem Leben unter reformpädagogischen Bedingungen - in die alten „asozialen“ Lebensverhältnisse vorbeugen.[78]
Die *Einbettung der Arbeit* in den Gesamtprozess der Erziehung im Heim einschließlich der anderen Bildungsgrundformen *Spiel, Gespräch und Feier* verrät also ein „pädagogisches Arbeitsverständnis“ wie bei Petersen. Dieses soll ja zum einen die *Relativität* von Arbeit im schulischen Kontext ausreichend berücksichtigen und zum anderen die vielfache Verflechtung dieser vier Prozesse des Lernens in den Blick nehmen, um die „neben der Arbeit zur vollen Menschwerdung unentbehrlichen Formen“ nicht zu vernachlässigen.[79] Der Abschluss des Arbeitstages war die „abendliche Feierstunde“ mit Lesen/Vorlesen, Spielen, Singen und Tanzen. [80] Außerdem bediente sich Sylten der damals verstärkt aufkommenden Multimedia: Filmosto-Apparat, Rundfunkanlage, Kinobesuche u.a. [81]
„Der *theoretische Unterricht* im Hause umfasste die Fächer der Berufsschule einschließlich Hauswirtschaft Rechnen, Hauswirtschaftskunde, Gesundheits- und Säuglingspflege dazu auch Religion, Singen und Turnen“. In Religion,

---

[76] Siehe Krautwurst (1996), S.21.

[77] Petersen (1925), S.292 und Sylten nach Krautwurst (1996), S.20 - nach dem „*Jahres*bericht (1)“ vom Nov. 1925 - Nov. 1926.Vgl. auch Syltens „*Tätigkeits*bericht“ = „Jahresbericht 0“ vom Okt. 1925, ADE, CA/Stat.Slg.1725

[78] Zu dieser Problematik vgl. auch Kappeler/Hering (2017), S.12

[79] Vergl. hierzu Ralf Koerrenz (2012), S. 59 f.

[80] Vergl. Wendler (1926)

[81] HAK 1, Jb 2, S.8 u.ö.

Deutsch Grammatik, Literatur, sowie Sport wurde der Unterricht in den Familiengruppen erteilt, also altersgemischt wie im Jenaplan [82]

5.6 Gruppenprozesse

Sowohl nach Petersens als auch Syltens Vorstellung brauchen die Erzieher Helfer oder *„Miterzieher" im Kreis* der ihnen anvertrauten Jugendlichen. „In einer Familie [von traumarisierten und schwer erziehbaren Mädchen] mussten wenigstens einige der Zöglinge dem Gruppenprozess positiv

gegenüberstehen, dass der Erziehungserfolg innerhalb der Gemeinschaft durch die Mädchen selbst vorangetrieben wurde.“ [83] Die Idee Syltens, die

[82] Krautwurst (1996), S. 21, 23; in bestimmten Fällen wurden Mädchen zur „Mütterschule“ nach Eisenach geschickt. Auch Teilnahmen an der Singfreizeit des Evangelischen Volksdienstes auf der Burg Lobeda bei Jena wurden ermöglicht. vg. HAK 1, Jb2, S.9

[83] Sylten Jahrbuch (3) Apr.1929 bis Juni 1930, S.3, nach Krautwurst (1996) S.34, vgl.auch Petersen (1937) S.80 f., und Petersen (1931), S.123)

Mädchen in Familien mit je einer Familienmutter einzuteilen, wurde dann erst 50 Jahre später in den SOS-Kinderdörfern- weltweit - wieder verwirklicht. [84] Eine wichtige Hilfe war dabei die von Petersen herkommende *Struktur der altersgemischten* Gruppen. Kähler weist zu Recht auf die lange Geschichte der Internatsschulen, in denen ebenfalls schon „kleine Familiengruppen, also auch die besondere Förderung der jüngeren und jüngsten durch ältere Mitschüler, zum sehr erfolgreichen Prinzip erhoben waren." Zum anderen betont er die interessante Analogie zwischen der Arbeit mit und an den verwahrlosten und straffällig gewordenen Mädchen in Bad Köstritz und den Versuchen der Sozialisierung von obdachlosen Straßenkindern bei Makarenko, - im Unterschied zu der ganz anderen Klientel von Internatsschulen wie Summerhil, Salem oder die Internate der Christengemeinschaft. [85]

Durch die Struktur und Handhabung der altersgemischten Gruppen wurde das soziale Miteinander, die Hilfe der Stärkeren gegenüber den Schwächeren gefördert. [86] In den Köstritzer Familiengruppen hatten die Mädchen immer auch eine feste Ansprechpartnerin.[87]

Aufgrund einer leichten Verbesserung der finanziellen Lage wurde es im Berichtsjahr 1934/35 wieder möglich, eine „verantwortbare pädagogische Gestaltung unserer Arbeit" durchzuführen...Dazu gehört vor allem eine genügende Verteilung der Zöglinge in verschiedene Gruppen, je nach ihrer körperlichen, geistigen und psychischen Veranlagung, ihrem Alter und ihrem Vorleben." [88] Dabei enthielt jede einzelne Gruppe natürlich unterschiedliche Schüler. Diese Kriterien für die Gruppenbildung und -Zusammensetzung stellten eine nach dem Heimzweck differenzierte, zugleich kreative und flexible Anwendung [89] der von der Schulpädagogik des Jenaplans bekannten Kriterien der Gruppenbildung dar. Dabei ging es zum Beispiel um eine positive gegenseitige Beeinflussung und die Aufrechterhaltung eines guten

[84] HAK 4, Bruno Köhler (1977), Werner Sylten und seine Zeit, Vortrag am 26.5.1977 im neu eingeweihten Werner-Sylten-Haus Eisenach, S.(1-22) 8 (Hinweis von Walter Sylten auf den im Manuskript nicht genannten Autor dieses Vortrags.)

[85] Kähler (2017), 126 f.

[86] Krautwurst (1996) S.55; vgl. hierzu Petersens „Helferprinzip" in: Petersen (1996), S.58. Petersen wünschte eine Gruppe, in der „Raum ist für das zwischenmenschliche Geschehen".(Ebd, S.16)

[87] Kogge (2008) 9

[88] HAK 1, Jb 9, S.2

[89] Vgl. HAK 2, „Grüße" Dez.1934, S.4

Lernklimas. Immer wieder wurde von Sylten und seinen Mitarbeiterinnen auch in den schwierigsten Lagen das Optimum des Möglichen gesucht. Wegen der Kleinheit des Heimes und der oft unregelmäßigen Schülerinnenzugänge sowie der oft zu geringen Zahl von „Nachwachsenden" war aber eine Anwendung des zyklischen Stammgruppenmodels der Schulpädagogik des Jenaplans nicht möglich.
Um den neuen Standard aufrecht zu erhalten, waren nach Syltens Überzeugung geschultes Fachpersonal und liebevoller Umgang entscheidend. [90] So gab es in Syltens Heim auch ein strenges Verbot, körperliche Gewalt anzuwenden.

Auch gegenüber den Eltern machte Sylten klar: „Die Mädchen sind keineswegs zur Strafe bei uns, sondern zur Erziehung." [91] Für Petersen waren *Strafen* in Heimen nur erlaubt, um einen Schaden wieder gut zu machen. [92]

5.7 Gesundheitspflege

Fast die Hälfte der eingewiesenen Mädchen von 14-21 J. war geschlechtskrank. Mädchen , die von ihren Vätern sexuell missbraucht worden waren, erhielten in Zusammenarbeit mit geschulten Psychologinnen von außerhalb psychologische Betreuung [93] sowie medizinische Untersuchungen und Gutachten.
Das Gesundheitsprogramm in Köstritz umfasste auch Morgengymnastik im Heimgelände, im Anschluss daran ein zweites Frühstück. Ein eigener Lehrgarten unterstützte die
gesunde Ernährung im Heim.
In Fachvorträgen konnten sich die jungen Frauen selbst über Schwangerschaft, Geburt, Geschlechtskrankheiten informieren und sich auch sozialethisch mit biblischen Geschichten auseinandersetzen. Sylten kümmerte sich gerade in schwierigen Einzelfällen mit Hilfe seiner vielen Kontakte um die Lösung von Problemen. [94]

---

[90] Krautwurst (1996) S.30

[91] HAK 1, Jb 1, S.7

[92] Petersen (1925) S.293, Krautwurst (1996), S16. Petersen dachte - anders als im Rahmen einer Grundschule - sogar daran, das evtl. mögliche „Jugendgericht des Heimes" als die „gegebene Stätte zur Belehrung über Recht, staatsbürgerliche Pflichten und Rechte" anzusehen. Vgl. Petersen (1925), S.293 mit Petersen (1996), S.11

[93] Krautwurst (1996), S. 12.16 und vgl. S.35

[94] Krautwurst (1996) S.20. 23. 39 f.

5.8 Leistungskultur

Zeugnisse in Form von Beurteilungen ohne Zensuren - wie in Petersens Jenaplan - , wurden den Zöglingen nach den schriftlichen und mündlichen Prüfungen ausgehändigt. Die Mädchen konnten dann bei Bewerbungen „eine einführende Ausbildung in verschiedenen Berufszweigen nachweisen". [95] *Präsentationen der „selbstgeschaffenen Werke* (dienten) als Anerkennungund zur Steigerung des Selbstwertgefühls"[96] und damit zur Förderung aller guten Kräfte in jeder einzelnen Schülerin und in der ganzen Gruppe.

5.9 Öffentlichkeitsarbeit und wachsendes öffentliches Interesse

Das Interesse der Öffentlichkeit am reformpädagogischen Konzept des Köstritzer Heims nahm stetig zu. Das Heim legte besonderen Wert auf gute Kontakte zur Umgebung, um Auftritte auch in benachbarten Kirchengemeinden (Advents - und Passionsfeiern, Krippenspiele). Wichtig war Sylten auch die Kontaktpflege zwischen dem Heim und den Mädchen *nach* ihre Entlassung durch Besuche hin und her. Auch die Herausgabe des *Heftes „Grüße aus dem Mädchenheim in Bad Köstritz"* mit je aktuellen Berichten diente diesem Ziel einer bleibenden Verbundenheit. Es gelang Sylten auch durch regelmäßige Bekanntmachungen (z.B. große Flugblattaktion über die Informationskanäle der Inneren Mission) geeignete Familien zu gewinnen, die entlassene Mädchen aufnahmen und damit auch den *Erfolg der Heimpädagogik und -ausbildung verstetigen* konnten. Darüber hinaus gab es auch die Einrichtung der „Elternbesuchstage".[97]

Dank dieser „erstaunlich modernen Öffentlichkeitsarbeit" (Kähler)[98] entwickelte sich das Thüringer Mädchenheim *als Vorzeigeobjekt und Bildungsstätte von Fürsorgeeinrichtungen* in ganz Deutschland. Immer mehr Interessenten machten sich durch einen Besuch in Bad Köstritz ein eigenes Bild von der neuen pädagogischen Konzeption Syltens in Bad Köstritz. Dazu gehörten auch die Besuche interessierter Köstritzer selbst, von Vertretern aus den Behörden der Fürsorgeerziehung und von Pädagogen aus anderen Einrichtungen. Praktikantinnen aus Wohlfahrtsschulen und Universitäten

---

[95] Krautwurst (1996), S.22 Anm.39

[96] Krautwurst (1996), S.23. Zur Präsentationskultur im Jenaplan siehe Petersen (1996), 97 ff. und Both (2015), 81.227

[97] Krautwurst (1996), S.27 f.

[98] Kähler (2017), 128

(sic!) arbeiteten im Heim, um sich die "Kenntnisse und neuen Methoden von Erziehung und Fürsorge anzueignen." So kamen im Berichtsjahr 1929/30 von den Wohlfahrtsschulen Jena 4 Schülerinnen, Kiel 2, Weimar 1, Königsberg 1. Von Kiel kam sogar eine Studentin der Volkswirtschaft.[99] Vor Ort wurden Seminare und Tagungen durchgeführt, Fachvorträge machten das Heim über die Grenzen Thüringens hinaus bekannt, sogar ein Film wurde gedreht. Die christliche Erziehungsarbeit in Bad Köstritz wurde wegweisend für viele Heime dieser Zeit. Syltens Arbeit war nun von staatlichen und kirchlichen Behörden anerkannt.[100] Sylten berichtet 1927/28 auch stolz von der Kollekte eines Studentengottesdienstes in Jena [101] Ein beeindruckendes Beispiel von der Wirkung des Köstritzer Heims auf die 35 zunächst skeptischen Besucherinnen der *„Untermhäuser Parteifrauengruppe*" (aus Untermhaus, Stadtteil von Gera, vermutlich von der SPD, H.D.) ist deren Bericht über die Führung: Sie loben die Raumgestaltung , die „Erziehungsform" im Heim, demzufolge die Mädchen im Einklang mit den modernen Anschauungen über Erziehung „nicht nur Objekt der Erziehung" seien, sie würdigen die „gepflegte zweckbestimmte Unterhaltung in den Freizeiten" als „Mittel zur Förderung von Eigen- und Gemeinschaftsleben". Das vermutete „aufdringliche Moralisieren" in einem christlichen Heim sei entgegen den „ehedem begründeten Vorurteilen" nicht zu verspüren, stattdessen herrschte in diesem Heim „ein toleranter, aufgeschlossener Geist. Keine Engstirnigkeit und Weltabgewandheit. Das gesellige Leben (ist) auf Jugend-Wanderbewegung abgestimmt." [102]

Sylten wurde immer wieder zu Kongressen und Vorträgen eingeladenen, in denen er über seine pädagogische Arbeit berichten sollte. Im April 1932 fand in Köstritz selbst eine Tagung des *Evangelischen Reichs-Erziehungs-*

---

[99] Bericht Sylten über das Geschäftsjahr 1929/30 (= Jb 3, siehe die Übersicht über die Jahresberichte in den Literaturangaben und in HAK 1); Landeskirchenarchiv (**LKA** Eisenach) Archivalien-Signatur Nr. A 530-2, S. (2-12) 8

[100] Krautwurst (1996), S. 27 f., S. 51

[101] HAK 1, Jb 2, S.13) - in der Version in *lateinischen* Lettern (Jb 2) fehlt interessanterweise die Angabe zu dieser Kollekte. Vielleicht kam die Kollekte der Studierenden erst nach dem offiziellen Jahresbericht herein.

[102] Untermhäuser Parteifrauengruppe, LKA Eisenach, Archivalien-Signatur 1, Anlage 3

Verbandes (EREV) mit 20 Anstaltsleitern aus verschiedenen Erziehungsheimen Deutschlands statt. [103]
Sylten sah sich nach all diesen klaren Erfolgen beim äußeren Aufbau und der inneren Entwicklung des Köstritzer Heims offensichtlich dazu ermutigt, die Kommunikation im *größeren Netzwerk evangelischer und pädagogisch fortschrittlicher Heime* zu intensivieren und möglichst viele von ihnen in die positive Dynamik dieser Entwicklungen hineinzuziehen. Laut Werner Syltens Jahresbericht 1928/29 will das Köstritzer Heim dann auch den *„Verfassungstag"* der Weimarer Republik alljährlich feiern - als einzige Gelegenheit, den jungen Menschen aus gegebenem Anlass ihre „verantwortliche Zugehörigkeit zu Volk und Staat" klar zu machen. [104]
Schon Mitte der 1920-er Jahre trat der *EREV* in intensivere Auseinandersetzungen mit Fragen einer modernen Erziehung und der pädagogischen Bewegung ein. Statt nur „Anstaltsdisziplin" anzustreben gewann ein freiheitlicherer Ansatz mehr Zuspruch. Auf einem Erziehungstag 1927 wurde zum Thema gemacht „Fürsorgeerziehung in ihren Beziehungen zur modernen Pädagogik, Psychologie und Soziologie". [105] Diese Öffnung zu den benachbarten Humanwissenschaften fand auch seine Fortsetzung in einem Vortrag von Prof. *Wilhelm Flitner* im Juni 1928 in Goslar. Flitner war laut Barbara Kluge ein Befürworter der Jenaplan-Pädagogik.[106] Er forderte von den evangelischen ErzieherInnen, die veränderte Lebenswirklichkeit der jungen Menschen - das eigene Haus, die Lebensziele und Ideale, die Anforderungen im Beruf - zuerst im Blick zu haben. Eine direkte Anwendung biblischer Normen sei heute - 1928 - nicht mehr möglich. Das neue Ethos müsse gelebt werden, ehe es gelehrt werden könne. Es müsse eine

---

[103] Krautwurst (1996) S. 28. 35 . Die stattfindende Tagung war aufgrund des großen finanziellen Mangels eher klein gehalten (Die „Jahrestagung" und die „Mitgliederversammlung" des großen Verbandes mussten ausfallen), stellte aber doch auch eine weitere spürbare Anerkennung der Köstritzer Arbeit dar. Vielleicht handelte es sich bei der Köstritzer Tagung 1932 auch nur um ein Treffen der *Vorsteher* der (kleineren) *Reichskonferenz Evangelischer Mädchenheime (REM)*, die ein Zweig des EREV war. (Vgl. Meyer (1997), S.149)

[104] Jahresbericht (2a) 1928/29, ADE, CA/ Stat.Slg.1725

[105] Meyer (1997), S.140 Anm.261

[106] Kluge(1992) S.10

„evangelische Erziehergemeinschaft“ geben und eine „weltmännische Form christlicher Erziehung“ gefunden werden.[107]
Offenheit und Kommunikationsbereitsschaft entsprach auch Werner Syltens *Umgang mit „Kritik“*: Ende der 1920-er Jahre schlug die Aufführung des Bühnenstücks von Peter Martin Lampel „Revolte im Erziehungshaus“ große Wellen. Dort wurde die letztlich hilflose, rein auf „Zucht und Ordnung“ setzende Haltung eines Pfarrers und der Erzieher gegenüber den *„Jungen in Not“* drastisch dargestellt. Sylten regte sich nicht einfach über die Schilderung der Zustände auf, sondern diskutierte mit seinen Mitarbeiterinnen das Stück. Er sprach davon, dass so oder so „viel übrig (bleibt) an gerechter Anklage, an schwerem Leid und unerfüllter Sehnsucht...Wir (Köstritzer ErzieherInnen) prüften in aller Nüchternheit die besonderen Verhältnisse unseres Heims... die Welle der Kritik (ist uns) ein neuer Gewissensruf geworden... zu... verantwortungsbewussterer Arbeit.“[108] Aufrüttelnde öffentliche Kritik an unhaltbaren Zuständen in Heimen kam in den späteren Jahren der Weimarer Republik oft aus dem linken politischen Spektrum.[109]
Eine Kritik muss aber immer auch von innen kommen, wenn sie in Alternativen und Weiterentwicklungen praktisch und nachhaltig werden soll. Der Jenaplan heute räumt - hier im Widerspruch zu Petersens theologisch und philosophisch begründeter Ablehnung der europäischen Aufklärung - dem „Qualitätskriterium“ *„kritisches Bewusstsein“* eine zentrale Stelle in Schulleben und Unterricht ein.[110] Auch hierin sieht sich der heutige Jenaplan der von der biblischen Prophetie geprägten, besonders am Leiden der Menschen orientierten „Kritik“ bei Sylten verbunden.

Bereits im Jahresbericht (2) Apr.1927 bis März 1928 bejaht Sylten die vom *EREV* angeregte Aussprache mit Vertretern der *„modernen pädagogischen Bewegung“* und steht hinter der Forderung, dass „die Fürsorgeerziehung sich eingliedern muss in den *Gesamtorganismus aller pädagogischen Wirksamkeit* überhaupt, dass sie gehorchen muss den *immanenten Gesetzen*

---

[107] Vergl. Meyer (1997), S.141f. Der Flitner-Vortrag stieß aber angesichts der eher traditionellen Positionen vieler Honoratioren im EREV noch auf Skepsis und Ablehnung.(Ebd. S.142)

[108] Sylten im Jahresbericht (2a) 1928/29, ADE, CA/ Stat.Slg.1725, CA/Stat.Slg.1725

[109] Vgl. Kappeler/Hering (2017), S.8 f. und weitere Hinweise bei Krautwurst (1996) (Hermann Drechsler, Stenbock-Fermor u.a.)

[110] Vgl. Draeger (2018), S.55

jeder Erziehungsarbeit und dass sie vor allem Erziehung sei..." Hier ist unschwer Petersens Erziehungsmetaphysik herauszuhören.[111]

Die letzten Jahre der Weimarer Republik waren auch für das Köstritzer Heim sehr schwer, nicht nur wegen geringerer Geldzuweisungen. Auch die Zuweisungen junger Frauen stockte. Nun bekam das Heim zunehmend schwachsinnige und geisteskranke Mädchen eingewiesen. Sylten versuchte, die veränderte Situation der Mädchenpopulation durch Einsatz in der Landwirtschaft aufzufangen. [112]

6. Entwicklungen unter dem NS

Die Entwicklung Deutschlands in Richtung des NS wurde auch für Syltens Heimprojekt, für seine beruflichen und familiäre Entwicklung, für sein persönliches Schicksal ein tiefer Einschnitt.

Der Thüringische Staat stellte bereits drei Jahre vor der Machtübernahme der NSDAP in Berlin mit der Koalitionsregierung von Deutschnationalen, Liberalen und NSDAP ein *„Versuchslabor"* (Vreugdenhil) für die angestrebte Herrschaft im ganzen Reich dar. Bereits ab Januar 1930 kam der Bereich Bildung und Erziehung in die Hände des ns. Volksbildungsministers (später 10 Jahre Reichsinnenminister) Wilhelm Frick. Dieser erhielt von Hitler persönlich den Auftrag, „das gesamte Schulwesen in den Dienst der Erziehung des Deutschen zum fanatischen Nationalisten" zu stellen. Die erst wenige Jahre zuvor in Thüringen eingeführten Einheitsschule wurde wieder abgeschafft. Letztere zeichnete sich durch folgende gerade auch von Petersen entschieden befürwortete Merkmale aus: universitäre Ausbildung der Lehrer, vielseitige Entwicklung der Kinder durch die Methoden der Arbeitsschule, Projektorientierung, Durchbrechung der Jahrgangsklassen, gegenseitige Hilfe von Schülern; freies Verfolgen von Arbeitszielen statt Beschränkung durch eng gefasste Lehrstoffe. [113]
Die Maßnahmen der *Thüringer Regierung* nach dem 30.1.1933 betrafen eine ganze Reihe von Themen, die für Heime und Heimleiter relevant waren. Es ging um

- die Rassenhygiene und „Volksaufartung" einschließlich Sterilisierungsmaßnahmen,

---

[111] Nach Krautwurst (1996), S.30 f.(Hervorhebung H.D.), s.a.HAK 1, Jb 2, S.1. Vgl. z.B. Petersen (1931), S.51 f. und Petersen (1996), S.12 f.

[112] Krautwurst (1996) S. 36 f.

[113] Vreugdenhil (1992) 1,54f; 2,11

- die umfassende politische Beeinflussung der gesamten deutschen Jugend durch eine Monopolstellung der Hitlerjugend und die weitgehende Ausschaltung unabhängiger, auch kirchlicher Jugendverbände,
- die Monopolisierung von Zeitungen und Rundfunk durch die entsprechenden Gesetze der Diktatur,
- das Eindringen und Durchdringen gesellschaftlicher Organisationen und Institutionen, die Schwächung, Auflösung und Beseitigung des Einflusses der „alten" Kräfte politischer, kultureller oder sozialer Natur mit dem Ziel der Etablierung eines eigenen Monopols auf diesen Gebieten, - letztlich die Aufhebung einer pluralistisch organisierten, demokratischen Gesellschaft,
- die immer stärkere Etablierung des diktatorischen Führerprinzips, gerade auch in der Thüringer Evangelischen Landeskirche, bei gleichzeitiger Unterdrückung von Opposition oder kritischen Meinungen,
- die wirtschaftliche, kulturelle, politische Bekämpfung jedes jüdischen Einflusses in der Gesellschaft,
- den organisierten „Druck der Straße" bzw. bestimmter NS-Organisationen gegen die „Feinde" des NS, Inszenierungen von Denunziationen im großen Stil.

6.1 Unter „Beobachtung" der NSDAP-Ortsgruppe

Schon im Frühjahr 1933 stand Sylten unter starkem Druck und massiven Attacken der örtlichen NSDAP, welche durch die Machtübernahme im Reich Oberwasser bekommen hatte. Sylten stand bei ihr „unter Beobachtung" und in Schreiben an das Innenministerium wurde gegen ihn Stimmung gemacht. Die NSDAP registrierte u.a. auch schon Anfang 1933, dass Sylten im jüdischen Warenhaus Tietz im großen Stil Waren für das Heim gekauft haben soll. Eine entsprechende Mitteilung ging sogar über die NSDAP-Landtags-fraktion zum Minister.[114] Auch „von innen" - von einigen wenigen MitarbeiterInnen - wurde Sylten denunziert.[115]

Am 23.3.33 wurde Sylten in einem weiteren Schreiben unterstellt, er habe die beiden einzigen ns. eingestellten Mitarbeiterinnen bei einer notwendigen Reduzierung des Personals aus *politischen* Gründen entlassen, zugleich wurde auf einen Schriftwechsel mit dem Staatsminister Wächtler (Bildung) hingewiesen, in welchem das Heim „als Brutstätte der religiösen Sozialisten und Heim der Köstritzer S.P.D." denunziert worden war. In dieser Angelegenheit zeigte die Ortsgruppe auch, dass ihr mehr an einer Verurteilung Syltens als an einer wirklichen Aufklärung des Vorgangs lag. In

---

[114] Vergl. Krautwurst (1996), S. 47

[115] Vgl. Kähler (2005),233 f.

einer Antwort wies Sylten den Vorwurf „öffentlich politischer“ Betätigung zurück. In einer „amtlichen Konferenz" der evangelischen Pfarrer des Kirchenkreises Gera konnte Sylten den Stahlhelm-Pfarrer Jauernig zur Rede stellen, der das Heim schon wegen „der politischen Umtriebe des Leiters“ polizeilich schließen lassen wollte. Ferner sollte Sylten in einem Vortrag über Russland den russischen 5-Jahresplan als „Glanzleistung“ bezeichnet haben. Verdächtig fanden die Beobachter auch, dass bei der Verhaftung des jungen Sozialdemokraten Fritz Degner eine Notiz mit dem Namen Syltens gefunden worden sei. Außerdem sei das Heim „marxistisch verseucht“, denn ein Parteigenosse, der allabendlich seinen Hund oberhalb des Heims ausführe, sei wiederholt durch die Rufe „Heil Moskau und Rotfront“ von Heim-Mädchen angepöbelt worden. Die NSDAP-Ortsgruppe gab dem persönlichen Referenten des Innenministers einen scharfen Tipp: Man solle doch einmal bei einer „unerwarteten Hausdurchsuchung“ die Privatbücherei von Pfarrer Sylten mit ihren sicher zahlreichen marxistischen Schriften besichtigen. All diese Vorwürfe gingen im Wesentlichen ins Leere, und selbst Regierungsstellen nahmen sie nicht immer ernst. [116]
Schon vor der Machtübernahme Hitlers siegten bei den Wahlen zum 3. Thüringer Kirchenparlament am 22. Januar 1933 die ns-orientierte Kirchenpartei der *Deutschen Christen (DC)* mit 16 von 35 Mandaten, die bei den *Kirchenwahlen* noch konkurrierende Partei der „Religiösen Sozialisten“ erhielt 6 Mandate, welche aber - durch ein *Kirchengesetz* von der neuen Mehrheit als „marxistisch und materialistisch“ eingestuft - ungültig gemacht wurden.

Der Sieg der DC hatte direkte Auswirkung auf das kirchliche Mädchenheim in Bad Köstritz: Von da ab musste dem *Vorstand des Heims eine Vertreterin der N.S.Frauenschaft* von Bad Köstritz angehören, später wurde auch noch der „Deutsche Gruß“ eingeführt und es galt ein Flaggenerlass für das Heim. Politische Agitation der Nationalsozialisten musste nun auch im Heim stattfinden, unter anderem durch Vorträge des Köstritzer Propagandaleiters der NSDAP. [117]

Auch vonseiten des Allgemeinen Fürsorge-Erziehungstags (AFET), kamen jetzt pronazistische Stimmen: Eine von einem Ausschuss des AFET erarbeitete „Denkschrift“ forderte nun, dass sich die Fürsorge-Erziehung als

---

[116] Siehe HAK 3 und 4

[117] Vgl.Krautwurst (1996) S.42 f., Anm.93

staatliche Ersatz-Erziehung „ihrem Wesen und Charakter nach“ dem „Führer Adolf Hitler“ und seinen Erziehungsgrundsätzen unterzuordnen habe. [118]

Die vor 1933 zum Konzept des Heims gehörenden *„Erwerbslosenabende“* mit Literatur, Bildkunst und Musik , um Menschen in großer seelischer und

geistiger Not zu helfen, sich auszusprechen und sie zu beraten, wurde gleich nach der Machtübernahme der Nazis als verdeckte politische Arbeit von Sozialdemokraten und Kommunisten gesehen, denunziert und schließlich ganz verhindert. Auch von Seiten der Kirche gab es keinerlei Verständnis oder Unterstützung für diese Arbeit.[119]

6.2 Bedrohung der freien Wohlfahrtspflege

Der in diesen Monaten verbreiteten Meinung, infolge der weitgehenden Erfassung der Jugendlichen beiderlei Geschlechtes durch die Organisationen der „nationalen Erhebung“ (HJ, BDM etc.) sei die *Fürsorgeerziehung überflüssig* geworden, trat Sylten entgegen. Nach seiner Darstellung waren

---

[118] Vgl.Meyer (1997) S.157

[119] Vgl. Krautwurst (1996) 58-60 und HAK 1, Jb 6, S.VIII

die Jugendorganisationen nur eine Möglichkeit, das in den Heimen Erreichte zu festigen. Sie sollten die Jugendlichen nach abgeschlossener Heimerziehung und Ausbildung „möglichst vorurteilsfrei“ „in die schützenden Reihen der gesunden Jugend eingliedern“.[120]
Das Gesetz zur Verhütung erbkranken Nachwuchses vom Juli 1933 (in Kraft ab Jan.1934) sollte der NS-Politik durch *„Unfruchtbarmachung*“ vermeintlich „Erbkranker“ und Alkoholiker den Weg für ihre „Rassehygiene“ frei machen.
Der Staat begrüßte das *Verständnis der DC-Kirchenleitung „für seine rassehygienischen Bestrebungen*, wie es sich in der Anweisung an die Pfarrer zur Mitarbeit an der Volksaufartung“ ausdrücke.[121]

Sylten hielt aber Gefährdung oder Verwahrlosung für eine *erworbene* Eigenschaft - darum sollte hier seiner Meinung nach die Fürsorgeerziehung besser rechtzeitig pädagogisch eingreifen. *Eine Zwangssterilisation lehnte Sylten aus diesem Grund für diese Jugendlichen ab.*[122] Werner Sylten erkundete auch aufmerksam Möglichkeiten, junge Menschen vor dem eugenischen Terror durch Sterilisation zu bewahren und gab diese Informationen auch weiter.[123] 1935 und 1936 wurde aber eine große Anzahl schwachsinniger oder geistig behinderter Mädchen ins Heim überwiesen, die unter das o.g. Gesetz fielen. Darum mussten in diesem Zeitraum 23 Sterilisationen durchgeführt werden.[124] Der Erlass des preußischen Innenministers Hermann *Göring* vom 1. Juni des Jahres (1933) zur Neuregelung des Verhältnisses zwischen staatlicher und freier Wohlfahrtspflege bestimmte, dass die *Heimfürsorge an Gefährdeten in Heimen in allerweitestem Umfange durch die freie Wohlfahrtspflege* und deren Einrichtungen zu erfolgen habe...[125] Es drohte nun ein Zuviel an neuen Aufgaben für die „freie Wohlfahrtspflege“ und damit auch eine Schwächung der eigenen Konzeption und Arbeit. Der sehr bestimmende Ton des neuen Innenministers und die Übergriffe von Parteigruppierungen auf Einrichtungen der Inneren Mission im Reich riefen darüber hinaus große Sorge bei ihren Verantwortlichen hervor.

---

[120] Vgl.Krautwurst (1996) S.43

[121] HAK 2, „Grüße“ Februar 1934, S.2

[122] Vgl.Krautwurst (1996) S.45

[123] Vgl. Meyer (1997), S.163

[124] Vgl.Krautwurst (1996) S.45

[125] Siehe Krautwurst (1996), S.38

Viele im EREV zeigten sich allerdings auch erst einmal erleichtert, dass die massiven Kämpfe und Konflikte der ausgehenden Weimarer Zeit mit ihren unangenehmen Begleiterscheinungen für die Heimerziehung nun vorbei waren. Andere marschierten bereits stramm in die Richtung der werdenden Diktatur; aber Pfarrer Fritz-Teltow vom EREV warnte auch schon vor einem *möglichen „Missbrauch der neuen Disziplin".*[126] Werner Sylten trug in dieser Umbruchsituation eine besonders sorgfältig erwogene *Stellungnahme* vor: „Gerade der *unaufgebbare Charakter als einer evangelisch-kirchlichen Anstalt* verbürgt zugleich, dass die Arbeit darin stets getan wird im vollen Bewusstsein der Verpflichtung zu Volk und Staat. Kein Jugendlicher verlässt unser Heim, ohne dass versucht wird, ihm einen starken Eindruck mitzugeben von der Größe und Kraft reformatorischen Christentums und ohne dass unaufhörlich nachdrücklichst auf seine heiligen Verpflichtungen gegenüber Familie, Volk und Staat hingewiesen worden wäre."[127] Dies war eine deutliche Loyalitätserklärung gegenüber der neuen Regierung, zusammen mit dem Versprechen, die anvertrauten Jugendlichen auf ihre „heiligsten Verpflichtungen" gegenüber „Familie, Volk und Staat" hinzuweisen. Mit der Betonung des „unaufgebbaren Charakters" einer evangelisch-kirchlichen Anstalt sowie der „Größe und Kraft reformatorischen Christentums" unterstreicht Sylten jedoch zugleich die Unabhängigkeit und den freien christlichen Geist seiner Einrichtung gegenüber allen möglichen staatlichen Eingriffen und Zugriffen.

Sylten galt als „stille" Natur, aber er war ein unerschrockener, ausdauernder Kämpfer für die Sache des Heims. Als vielbelesener Mensch setzte er sich dabei immer auch mit den Gedanken des Gegners intensiv auseinander, etwa bestimmten Verlautbarungen der Deutschen Christen.[128]

Anfang Januar 1935 starb Werner Syltens *Frau Hildegard*, die ihm eine große Stütze in seiner Arbeit gewesen war, nach längerem Nervenleiden und Depressionen aufgrund des ständigen (politischen) Drucks gegen ihre Familie infolge eines Suizidversuchs.[129]

---

126 Meyer (1997),158

127 Sylten Jahresbericht (6), März 1933, S.5 f., nach Krautwurst (1996). S.38 f.

128 LKA Eisenach Archiv-Signatur Nr. A 530-2, S.27

129 Krautwurst (1996) S.64, Anm.163. Hierzu Syltens Freund und Kollege in der Gothaer Zeit Helmut Gollwitzer: Syltens Frau kam „unheilbar in eine Nervenanstalt, der Haushalt und die beiden Söhne wurden von der treuen Helferin Brunhilde Lehder versorgt." (Köhler (1978), S.29)

6.3 Das „Pflichtprogramm"

Sylten musste - auch als vom Staat mit abhängiger Heimleiter - an nicht wenigen Stellen die *Forderungen des diktatorisch regierenden Staates erfüllen* bzw. sein Programm den neuen Gegebenheiten anpassen:
Sylten musste *alle vorgeschriebenen ns. Festtage* mitfeiern (lassen): etwa die alljährlichen Feiern zur Machtübernahme Hitlers am 30.1., die Vorträge und Filmveranstaltungen der Propagandaabteilung der NSDAP, Fackelzüge, den „deutschen Gruß" einführen, *Bilder von Hitler und Hindenburg* im Treppenaufgang des Haupthauses aufhängen für die er vorher im Erzieherinnenkreis gesammelt hatte. Er ließ auch die Bibliothek mit ns. Literatur einschließlich Hitlers „Mein Kampf" und einer Horst-Wessel-Biographie bestücken.[130]
Sylten macht nun auch Predigtvertretungen für erkrankte Kollegen bei den Gottesdiensten zur Jahresfeier des Regierungsantrittes Hitlers am 30. Januar 1934 und zur Erinnerung an den Kriegsbeginn 1914. [131]
Sylten betont, auch im Jahre 1934 an den großen nationalen Feiern regen Anteil genommen zu haben, das Heim sei geschlossen *in den Festzügen mitmarschiert, habe an den Gemeinschaftsempfängen bei den Reden des Führers teil* genommen, die großen Filme „Sieg des Glaubens" und „Blut und Leben" „bewundernd geschaut"…[132]
Um das *finanzielle Überleben* des Heims zu sichern, nahm Sylten über Pfingsten 1933 auch 90 Jungen von der deutschnationalen *„Scharnhorst-Jugend"* auf, welche kurz Zeit später in die Hitler-Jugend (zwangs-) „eingegliedert" wurde, im August auch 25 junge Mädchen aus dem BDM. [133]

All das zwang ihn zu einer *Grundsatzerklärung* Im September 1933, in der er die *Aufgaben(verteilung) von Staat und Kirche* darlegte: „Will der Staat künftig bewusst vor allem der gesunden Jugend seine Kräfte widmen, so hat die *Kirche um so mehr die Verpflichtung, sich auch der Kranken, Gefährdeten und Schwachen anzunehmen*, (sie) zu pflegen und womöglich zur Gesundung zu bringen", - an dieser Stelle verweist Sylten geschickt auf die „soziale Botschaft der ‚Deutschen Christen'" hin, um den schon gar nicht mehr selbstverständlichen Anspruch der Diakonie zu untermauern. [134]

---

[130] Vgl. HAK, 1, Jb 6, S.VII, Jb 7, S.IV f.; Jb 10, S.3

[131] HAK 1, Jb 8, S.XII

[132] HAK, 1, Jb 8, S.X

[133] HAK 1, Jb 7, S.V

[134] HAK 1, Jb 7, S.IV

Sylten hatte mit Sicherheit nicht nur wegen seiner Aufgabe als Heimleiter allgemeinpolitisches Interesse, er nahm die vielen „Termine“ der NS-Propagandamaschinerie auch regelmäßig zusammen mit den Mädchen wahr, wie den „Tag von Potsdam“ am 21.3.1933 in der Rundfunkübertragung, führte „viele Stunden die Mädchen ein in das ihnen merkwürdig fremde und unbekannte *Geschehen des Weltkrieges*, ... durch Erarbeitung der Ursachen, die zum Kriege führten“, gedenkt am 2. August 1934 schon in der Morgenandacht des Kriegsbeginnes des 1.WK und später am selben Tag des „Heimgangs unseres Hindenburg“, und in der Märznummer 1935 mit Stolz, Genugtuung und einer „würdigen Feier“ der *Heimkehr unseres Saarlandes ins Reich.*
Die *Einführung des Hitlergrußes* am Ende seiner persönlichen Beiträge in den „Grüßen aus dem Mädchenheim“ rechtfertigte er aber etwas umständlich mit den diesbezüglichen Erlassen des Innenministeriums und der Kirchenleitung, und fügte noch hinzu, einer mit der Verantwortung Hitlers brauche ja „Heil, das nur Gott geben kann und das allein ihn in den Stand setzt, in Demut und Ehrfurcht vor dem Gott alles Heils immer die rechte Kraft und die rechte Weisheit zu all seinem Handeln zu gewinnen“. Das Ja zum Hitlergruß war in dieser Diktatur unumgänglich, aber es fiel bei Sylten etwas reserviert und in Bedingungen verpackt aus[135]
Es ist anzunehmen dass *Syltens wahre Meinung* zu bestimmten politischen Ereignissen gespalten war: Als ehemaliger Kriegsfreiwilliger des 1.Weltkriegs konnte er sich wahrscheinlich mit der Außenpolitik des NS in der Anfangsphase des „Dritten Reiches“ identifizieren, auch mit dem Ringen um „Gemeinschaft in unserem Volk“, das seinem eigenen Harmoniebedürfnis entgegenkam. 1935 will Sylten den Jugendlichen durch den Unterricht im Heim einiges Verständnis vermitteln für die großen, unser Volk bewegenden Fragen. Dabei stünden „Charakter und Willensbildung ... im Vordergrund, entsprechend der im ns. Staat für alle Erziehung geltenden Forderung.“[136]
Die immer mehr sichtbare und spürbare Judenfeindschaft der Nazis hatte er natürlich spätestens seit der Einführung des „Arierparagraphen“, der Sportpalastkundgebung und dem Kampf um das „jüdische“ Alte Testament voll im Blick, konnte aber seine ablehnende Haltung angesichts einer gerade in Thüringen deutlich pronazistischen Öffentlichkeit kaum nach außen hin artikulieren. Trotz der stets vorhandenen großen Vorsicht Syltens, etwas falsch zu machen und sein Heim oder seine Familie in Gefahr zu bringen,

---

[135] HAK, 2, „Grüße“ April, Juli und August, Oktober, November 1933, Okt. 1934, März 1935

[136] HAK 1, Jb 9, S.III

konnte man gegenüber den notwendigen politischen Anpassungen immer auch eine gewisse Reserve gegenüber dem weltanschaulichen und politischen System des NS spüren.

6.4 Kritische Auseinandersetzung mit dem NS - die Gegenpositionen Syltens

Eine deutliche Gegenposition zur NS-Politik der „Rassehygiene" und weltanschaulicher *Herabsetzung bestimmter „Rassen"* nimmt Werner Sylten in einem seiner „Briefe" (=4.Seite) in den „Grüßen aus dem Mädchenheim" vom März 1935 ein. Diese Briefe waren persönlicher gehalten als die Jahresberichte vor dem „politisch" zusammengesetzten Vorstand oder die Protokolle, waren aber in anderer Weise öffentlich, nämlich als Verbindungsglied zwischen dem Heim und den (zum Teil schon ehemaligen) Zöglingen und ihren Familien. Sie kamen aber auch dem Thüringer Innenministerium zu Gesicht. Als Schriftleitung wurde bei *dieser* Nummer „i.V. Friedrich Krüger, Arnstadt" angegeben, dies und der andere Verlag waren eventuell der Grund für die offeneren Worte Syltens. Er schreibt hier: „Es bedürfe „eines großen Maßes körperlicher und seelischer Kraft auf diesem Posten zu stehen, um deutscher Jugend den Weg zu zeigen, auf dem sie zu einem wertvollen Glied der Volksgemeinschaft werden kann. Es *ist eben nicht so,* wie man es in manchen falsch unterrichteten Kreisen immer wieder verkündet, als ob es sich bei solchen Jugendlichen, die der Fürsorgeerziehung bedürfen, ohne weiteres um *rassisch und völkisch wertlose Menschen* handelte, für die weder Geld noch persönliche Kraft erfahrener Menschen geopfert werden dürfte." Genau so mutig geht er mit dem Ansinnen des NS um, auch die Jugend in den Heimen nationalsozialistisch zu organisieren: Die Tatsache, dass seit dem Verordnungsblatt der Reichsjugendführung vom 7.7.1934 die Gründung „eigener Organisationen der Hitlerjugend...in Fürsorgeerziehungsheimen" gestattet ist, nimmt Sylten hier erstmal zum Beweis, dass diese Jugendlichen „das Recht, die Pflicht und die Möglichkeit" hätten, „wertvolle Volksgenossen zu werden und zu sein." Zugleich will Sylten aber bei aller Befürwortung der Ziele des *BdM „einstweilen darauf verzichten, eine BDM-Gruppe des Heimes zu bilden*, dann *aus gewissen pädagogischen Gründen*, die hier darzulegen nicht der Ort ist." Nach diesem vorsichtig formulierten Nein, das sicher auch ein verstecktes Nein zur rassistisch-ausgrenzenden Grundlage und Ausrichtung des BdM ist, kommt zum Ausgleich dann wieder ein verhaltenes Ja, verbunden aber mit dem christlichen Gedanken der Nächstenliebe: „Wir haben keinen größeren Wunsch als dass unsere Mädchen körperlich, geistig, seelisch tüchtige Menschen werden, tüchtig zum Beruf als Hausfrau und Mutter, opferbereit für das Volksganze, dienstbereit für den Nächsten." Um das Nein weiter abzumildern kommt dann noch der Satz: „Jedes Mädchen, dass unser Heim verlässt, sollte den Eintritt in den BdM ganz ernstlich erwägen..." Das Köstritzer Heim als evangelisches Erziehungsheim der Inneren Mission wolle den jungen Menschen außerdem „Halt und Kraft, *Wegweisung und Zielsetzung fürs Leben durch jugendgemäße Verkündigung des Wortes Gottes*" vermitteln.[137]

Die nicht näher dargelegten *„pädagogischen Gründe" für das Nein* erinnern sehr an die Petersen umtreibende Frage, ob nicht eine staatspolitisch organisierte Gruppe in den (Jenaplan-)Schulen den „Erziehungscharakter" im Sinne der Petersenschen Erziehungsphilosophie „aushöhle" und echte „Erziehung" zur Mitmenschlichkeit unmöglich mache.[138] Sylten *lehnt die „stereotype Verbindung von Fürsorge-Erziehung mit Sterilisation* für unsere pädagogische Aufgabe" weiter ab, die ja nur auf der Grundlage des Vertrauens zwischen Erzieher und Jugendlichen sowie deren Angehörigen möglich sei. Im August 1934 laufen aber bereits Sterilisationsverfahren, und Sylten muss für die von den Ämtern geforderten Vorarbeiten „brauchbare Sippentafeln" erstellen lassen.[139]

Im 2. Jahr der NS-Diktatur vermerkt Sylten in seinem Jahresbericht aus der Position eines Beobachters, aber auch eines als Heimleiter Betroffenen: „Einen Bethelfilm ‚Ringende Menschen', der uns anschaulich wichtige Gedanken zur erstrebten *Volksaufartung* nahebrachte, sahen wir in der Köstritzer Kirche."[140]

Seine *Aufnahme in die regionale Arbeitsgemeinschaft für die ns. Volksfürsorge (NSV)* durch Beauftragung des Kreisleiters der NSV ist für Sylten nochmals Gelegenheit, in der Vorstandssitzung des Mädchenheims *Grundsätzliches zur eugenischen Frage* zu sagen. Sylten zitiert positiv den Dezernenten für Fürsorge-Erziehung in Westfalen: „Die für diese Erziehungsarbeit aufgewendeten Mittel sind wirklich nicht schlecht angelegt und kommen in vollem Maße dem Volksganzen zugute, weil es gelingt, den größten Teil der gefährdeten und *verwahrlosten Jugendlichen wieder aufzurichten, seine Gemeinschaftsfähigkeit* zu wecken und ihn so unserem

---

137 HAK 2, Brief aus dem Heim in „Grüße..." März 1935, S.4, Hervorhebungen H.D. Diese starken Zusicherungen überstrahlen gewissermaßen den ziemlich blassen Hinweis auf einen möglichen Eintritt in den BdM.

138 Vgl. Draeger (2015), besonders die Abschnitte „Ringen um Freiräume unter dem NS"

139 HAK, 1, Jb 8, S.VII

140 HAK 1, Jb 8, S.10

Volke zu erhalten." Mit eigenen Worten fährt Werner Sylten fort: Die Heime wollten mithelfen am „Aufbau eines gesunden Volkes". „Man ermesse die *gewaltige eugenische Leistung unserer Anstalten*, durch die so viel verhütet worden ist, was die eugenische Gesamtlinie nicht gehoben hätte. (Ist) das auch nicht der eigentliche Zweck der Anstalten, so haben wir doch auch nach dieser Richtung hin viel Gutes gewirkt." [141]Sylten verwandelt hier den ns. Begriff einer „eugenischen Leistung" im medizinisch rigorosen Sinne unter der Hand in die von ihm präferierte sozialpädagogische Aufgabe!
Dennoch ist das *innere Ringen Syltens* zu spüren, mit gutem Gewissen diese von der Regierung auferlegte äußerst heikle Aufgabe - öfter verbunden mit Prozessen und anderen Formen des Widerstands der jungen Frauen oder ihrer Eltern - möglichst ohne „Sensation" und Vertrauensverlust zu bewältigen. Sylten im Jahresbericht 9 (März 1935): „Der *Opfergedanke* muss ihnen nahegebracht werden; es muss ihnen im Sinne Adolph (sic!) Hitlers deutlich gemacht werden, dass es sich nicht um Strafe oder Entehrung, sondern um Verzicht auf ein ganz großes Gut zugunsten der Volksgemeinschaft handelt. Nur ganz vereinzelt war ein Drängen auf Sterilisierung aus unmoralischen Gründen festzustellen." [142]

Die Heime arbeiteten mit ihrem diakonischen Auftrag „an dem *Teil der Jugend..., (der) den gerade jetzt so gesteigerten Anforderungen gegenüber der Volksgemeinschaft* nicht oder nicht genügend zu entsprechen vermag, die aber *Fleisch von unserem Fleisch, Blut von unserem Blut*, Teil der Gesamtjugend unseres Volkes ist, für die wir verantwortlich sind.[143] Hier greift Sylten zwar politisch-biologische Schlagworte der Nazis („Blut") auf, aber nicht, um damit Trennung, Aussonderung zu begründen, sondern im Gegenteil, um die Einheit des Volkes mit seinen „Starken" *und* seinen „Schwachen" und die Arbeit daran zu begründen.
Darüber vertritt er im Interesse der Aufrechterhaltung des Heims und dessen Arbeit die Auffassung auch der N.S.Volkswohlfahrt, dass nur solche gefährdete Mädchen dem BDM zugeführt werden sollten, die bereits einen gewissen Grad an Festigung erreicht haben, - und dies könnten eigentlich nur die Heime schaffen. [144]

---

[141] HAK 1, Jb 8, S.12 f

[142] HAK 1, Jb 9, S. 6. Die Begründung dieser Bejahung des „Opfers" dieser jungen Frauen erinnert an die in Kriegspredigten so oft geforderte Bereitschaft zum Opfertod der jungen Männer für Volk und Vaterland.

[143] HAK 1, Jb 8, S.12 f.

[144] Vgl. HAK, 1, Jb 6, S.VII; Jb 7, S.IV f.; Jb 7, S.VI

6.5 Deutsch-christliche Führung der Thür. Evangelisch-Lutherischen Kirche ab 1933

Nach dem Wahlsieg der „nationalkirchlichen Richtung" der Deutschen Christen (DC) bei den beiden Kirchenwahlen 1933 zog diese mit großer Macht in die einst liberale Thüringer Kirche ein. Die Frage ist, wie sich diese Entwicklung auf den Charakter dieser Kirche und auf ihre Eigenschaft als Arbeitgeberin und übergeordnete Instanz von kirchlichen Heimen auswirkte.[145]

Die DC besetzten ab 1933 5 von 6 der Exekutivposten der Kirchenleitung, des Landeskirchenrates (LKR) der Evangelisch-Lutherischen Kirche in Thüringen. Mit der Demontage der demokratischen Leitungsstrukuren unter *Bischof Martin Sasse* (1934-1942) amtierte ab 1934 ein autoritär herrschendes Gremium, das sich jeder demokratischen Kontrolle entzog. Sasse selbst war Mitglied der NSDAP und der SA. Unter ihm wurde das Führerprinzip durchgesetzt, wenn auch vorerst noch in abgeschwächter Form, d.h. der Bischof bekam Vetorecht in allen wichtigen Angelegenheiten.

Sasse setzte sich bei der Schaffung neuer Kirchenlieder für „die *völlige Eindeutschung christlicher Glaubensinhalte* schlechthin" ein, damit zwischen den „alten" Werten des christlichen Glaubens und der ns. Welt- und Lebensanschauung eine „gesunde" Synthese entstünde. [146] Diesem radikalen Abbruch der traditionellen Theologie entsprach dann auch der Plan des Thüringer Landesbischofs, durch eine Reichssynode die Kirchen in den Staat einzugliedern! [147] Nach Sasse sollte sich die Gläubigen - so wie er es täte - „täglich morgens, mittags und abends an Hitler ausrichten".[148] Dem Vorsitzenden der innerkirchlichen und illegalen Oppositionsgruppierung Lutherische Bekenntnisgemeinschaft (LBG) Pf. Ernst Otto wurde nach einer Rede des Landesbischofs Sasse im NS-Juristenbund in Eisenach (27.V.36) mal wieder völlig klar, „dass es sich bei den Deutschen Christen Thüringer Richtung um eine ‚andere Religion' handele."[149]

Nach dem Tod Sasses 1942 wurde unter seinem Nachfolger Hugo Rönck (1942-1945) das *Führerprinzip* voll und ganz durchgesetzt. Den anderen

---

[145] Einen soliden Überblick über diesen überaus komplexen Gegenstand bietet die Thüringer Kirchenhistorikerin Susanne Böhm: Böhm (2008); weitere interessante Einblicke bieten auch die Tagebücher der Marie Begas (Begas 2016)!

[146] Böhm (2008) 157

[147] Böhm (2008) 67

[148] Vgl.Einleitung zu Begas (2016) 55.57

[149] Begas (2016) 467

Mitgliedern des LKR blieb nur noch beratende Funktion. Durch eine erneute Zentralisierung sollte die Thüringer Landeskirche für den Endsieg die „Übergabe der Kirche an den Staat" (!) und damit die Führung der kirchlichen Institution innerhalb des Staatsapparates vorbereiten.[150]

Kirchenrat (KR) Pfarrer Paul Lehmann war in der kleinen Kirchenleitung *der Gestapomann* und damit automatisch auch Kontaktperson zu bestimmten staatlichen Behörden. Die Verbindung zum Staat war damit zumindest doppelt gesichert, denn auch der rührige Siegfried Leffler (s.u.) war Verbindungsmann zwischen der Thüringer evangelischen Kirche und der ns. Regierung.[151] Lehmann spielte als Zwischenträger mit Sicherheit eine Rolle bei der Behandlung Werner Syltens. Als „Geheimer Oberlandeskirchenrat" durfte er die Niederschriften der LKR-Sitzungen ebenso einsehen wie alle Akten. Etwa ein Dutzend Pfarrer verriet er „wegen Heimtücke" an die Gestapo, die danach in der Regel - trotz gerichtlich erwiesener Unschuld - aus dem Kirchendienst entlassen wurden! [152] Auch Marie Begas als Mitarbeiterin im LKR fürchtete ein „Verhör" von Lehmann. [153] Lehmann war so sehr Mann des ns. Staates, dass er seiner evangelischen Kirche jede Eigengesetzlichkeit und Deutungshoheit absprach. Er fürchtete, die Kirche könne in einen Gegensatz zum ns. Staat geraten. Diesem müsse aber die „letzte Entscheidung zustehen über die Sinndeutung aller [...] kirchlichen Lehren, ja sogar über deren weiteres Geltungsrecht." In der religiösen „Zeitenwende" stehe dem Staat als „Vollstrecker verwirklichten Christentums" das Recht zu, die Kirchen aufzulösen und selbst religiöse Gemeinschaften zu errichten! [154]

KR Dr. Otto Volk hatte als Jurist durch seinen Aufgabenbereich „Äußere Geschäftsführung und Personalfragen" eine sehr wichtige Position, gerade auch im Fall Sylten. Er gehörte zwar nicht zu den DC, fiel aber nicht durch eigenständige oder gar widerständige Haltung gegenüber den zum Teil haarsträubenden kirchenpolitischen Positionen und Verfahrensweisen dieser Führung auf, sondern war ein eiserner Exekutor der jeweiligen Linie der Kirchenleitung. Gerade auch die Maßnahmen des Staates waren für ihn Gesetz. Immer suchte er in den besonders delikaten Angelegenheiten,

---

[150] Böhm (2008) S. 88f.90.197 f.

[151] Böhm (2008) 31

[152] Böhm (2008) 66f. 67 Anm.70

[153] Begas (2016) 320

[154] Vgl. Böhm (2008) 66 f.

mögliche Herausforderungen des Staates zu vermeiden. Marie Begas sah Dr. Volk, den sie über längere Jahre sehr gut kannte, als Mann ohne berechenbare Einstellung, der sich bei der dominierenden Gruppe im LKR, den Deutschen Christen anbiederte.[155] Volk saß auch über die Jahre hin in der Prüfungskommission der Landeskirche, welche die „Anstellungsprüfungen" abnahm und damit auch eine Kontrolle der nachwachsenden Theologengeneration ermöglichte.

Marie Begas gehörte seit der Gründung (1934) zur LBG. Als Mitarbeiterin des Landeskirchenamtes und zugleich Vertraute des LBG-Vorsitzenden Ernst Otto fand sie Zugang zu allen Vorgängen und Dokumenten des Kirchenkampfs in Thüringen und Berlin. Ihr Tagebuch über all diese Jahre führte sie gleichsam im dienstlichen Auftrag von Otto. Aber auch von Volks Sekretärin und anderen bekam sie immer wieder „heiße Informationen" zugesteckt.[156]

KR Julius Leutheuser leitete ab 1933 die Abteilung „Volksdienst" mit den geschlechts- und altersspezifischen Arbeitsbereichen Männer-, Frauen und Jugenddienst, die u.a. für Pressearbeit, Vermittlung zwischen Kirchenleitung und Kirchenvolk, Identitätsstiftung in Bezug auf die „neue" Thüringer Landeskirche mit ihren „nationalkirchlichen" Inhalten zuständig waren. Leutheuser und sein Freund *Siegfried Leffler* organisierten auch den „ns. Pfarrer- und Lehrerkreis" als mögliche Reserve für die gewünschte deutschchristliche Durchdringung der Kirche.[157] Ab 1939 leitete Leutheuser auch zusammen mit Leffler das *„Entjudungsinstitut"* auf der Wartburg und wurde von der NSDAP als ihr *„Gaufachberater für Kirchenfragen*" berufen. Leffler wünschte sich eine „aus Glaubensgehorsam ... kämpfende politische Glaubensgemeinde."[158] Durch gezielte Berufungspolitik wurden weitere Deutsche Christen an die Jenaer Theologische Fakultät gebunden, wie Walter Grundmann.[159] Die Herabstufung der Kirche als Quasi-Abteilung des Staatsapparats und die Zuschreibung einer allumfassenden Interpretationsgewalt des NS-Staates über *alle* Bereiche des Lebens zeigt, dass in der obersten Kirchenleitung bei ihrer absoluten Identifizierung mit dem NS und der Macht schlechthin *jede eigene christliche Identität verloren* ging.

---

[155] Vgl. Einleitung zu Begas (2016) 76

[156] Vgl. Einleitung zu Begas (2016).40f.73.75 und Begas (2016) 508

[157] Böhm (2008) S. 91-93.106

[158] Böhm (2008),S. 64f.

[159] Böhm (2008) 102

Das hing auch damit zusammen, dass die führenden Funktionäre dieser Kirche nicht nur Anhänger der DC waren, sondern zuallererst überzeugte Nazis. Marie Begas, die offen über ihre Zugehörigkeit zur LBG redete, liefert mit ihrem (geheimen) Tagebuch einen „verheerenden Sittenspiegel" vom LKR, der von keinerlei christlichen Moral mehr bestimmt war: Man misstraute sich gegenseitig, war von Denunzianten bedroht, musste „flüstern" und „tuscheln, um nicht auffällig zu werden. Entsetzt zeigte sie sich gerade über die völlige Skrupellosigkeit der DC, die ganze kirchenpolitische Macht zu erringen, auch unter Einschaltung der Gestapo.[160]

6.6 Der „Arierparagraph" und der Umgang mit dem „jüdischen" Alten Testament

Reibungsflächen zwischen einer solchen vom NS durchdrungenen Kirchenleitung und den Mitgliedern der relativ kleinen LBG entwickelten sich vor allem in der Frage des Umgangs mit dem Alten Testament und mit den Juden. (Erfurter Erklärung; Entwicklung der Theologischen Fakultät an der Universität Jena; radikale „Entjudungs"-Politik auf kirchenrechtlicher und grundsätzlich theologischer Ebene).

Auf der kirchenrechtlichen Ebene wurden *nicht-arische Pfarrer und Gemeindeglieder* in mehreren Etappen aus der Landeskirche ausgeschlossen, die in bedrückender Weise staatliche Gesetzgebungs- und Verfolgungsmaßnahmen für den kirchlichen Bereich nachvollzogen. Dies geschah mit einer Reihe ausschließender und ausgrenzender Kirchengesetze, die sowohl den Eintritt von Juden in die Kirche verboten als auch den Ausschluss von Judenchristen aus der Gemeinde „regelten" und „Amtshandlungen an Nichtariern" untersagten. [161]
Freilich wurde der Arierparagraph für Beamte in der Kirche durch Gesetz der Reichskirche vom 16. 11.1933 wieder aufgehoben, da diese nach dem Fiasko der DC nach der Berliner Sportpalastkundgebung Ruhe im kirchlichen Streit suchte.[162] So wurden bestimmte „nicht-arische Pfarrer", wie wie der

---

[160] Vgl. Einleitung zu Begas (2016) 62 f.75

[161] Böhm (2008) 103-105.103/98; Jochen Klepper klagt am 28. Februar 1939 erschüttert in seinem Tagebuch nach Lektüre der Deutschen Allgemeinen Zeitung: „Thüringens evangelische Kirche schließt Juden aus. Das habe ich nicht für möglich gehalten. Ich sehe darin das Ungeheuerlichste, das bisher im Dritten Reich geschehen ist." Nach HAK 4, KR Walter Köhler, Eine Sylten-Dokumentation, aus: Standpunkt 7/81 Evangelische Monatsschrift Unionsverlag Berlin DDR, S. 194

[162] Die *Aufhebung des Arierparagraphen* durch die Reichskirche wurde in den „Grüßen" HAK 2, Jan 1934 S.3, ausdrücklich erwähnt.

„Halbjude“ Hans Ziegler, bis Kriegsbeginn im Amt gelassen, wenn sie politisch nicht auffielen.
Nach Meinung des LBG-Gegners *Wilhelm* Bauer dürfte der Arierparagraph aber „wohl in der Praxis bei *Neueinstellung von Pfarrern*, die ausdrücklich zum Dienst an Volk und Staat verpflichtet werden, (weiterhin) Berücksichtigung finden.“[163]
In diesem Hin und Her der Maßnahmen zeigte sich die ganze Unsicherheit der Kirchenleitung im Umgang mit den wenigen „rassisch“ betroffenen Pfarrern; oft genug wurde ja in der konkreten Situation nach politischer Opportunität entschieden (vgl. Görings „Wer Jude ist, entscheide ich“). Auch mit dem „jüdischen Alten Testament“ konnte man nicht so leicht fertig werden, das nach 1900 Jahren Kirchengeschichte und 400 Jahren Bibellektüre mit der *vollständigen* Luther-Übersetzung (Neues *und* Altes Testament) im protestantischen Deutschland nicht so einfach in wenigen Jahren NS-Politik zu beseitigen war.

Werner Sylten galt als Sohn eines jüdischen Elternteils schon durch die Erste Verordnung zur Durchführung des Gesetzes zur Wiederherstellung des Berufsbeamtentums vom 11. April 1933 (RGBl. I, S. 195) als rassischer Jude und war damit in seiner beruflichen Existenz bedroht. Dort hieß es: „Als nicht arisch gilt, wer von nicht arischen, insbesondere jüdischen Eltern oder Großeltern abstammt. Es genügt, wenn *ein* Elternteil oder *ein* Großelternteil nicht arisch ist.“
Die Tatsache, dass Werner Sylten als erfolgreicher Heimleiter deutschlandweit angesehen und seine Erfolgsgeschichte auch vor Ort bekannt war, erschwerte sicherlich eine leichte Ausgrenzung. Allerdings reagierte die Kirchenleitung rigoros mit Entlassung, wenn Pfarrer (und damit sie selbst) unter publizistischen und staatlichen Druck gerieten. [164]

Die Auseinandersetzung um das „jüdische“ Alte Testament führte später zu einem weiteren Anlauf der Thüringer Nazis, dieses verhasste Dokument jüdischen und christlichen Glaubens und Denkens in Wissenschaft und Kirche „strategisch“ zu eliminieren: Ende 1938 erklärte der Fakultätsrat der Universität Jena als Prüfungskommission der Landeskirche den *Hebräisch-Unterricht* zum *fakultativen* Angebot der Theologiestudenten. Das Verständnis von Jesus Christus erschließe sich ja aus der germanischen und (jüngsten) deutschen Geschichte. Die Fakultät verzichtete entsprechend auch auf das Abfragen von Kenntnissen zum Alten Testament beim Ersten

---

[163] HAK 2, „Grüße...“ Jan. 1934, S.3, somit scheint die genannte Aufhebung des Arierparagraphen in derThüringer Kirche nur bedingt Geltung erlangt zu haben.

[164] Vgl. Böhm (2008)103-105

theologischen Examen. Der überragende, damals noch sehr junge alttestamentliche Wissenschaftler *Gerhard von Rad*, der in diesen Jahren mit seinen Vorträgen und Predigten eine bedeutende Stütze der Bekenntnisgemeinde in Jena war, wurde mit diesen Beschlüssen der deutsch-christlichen Fakultätsmehrheit nun als Prüfer ausgeschlossen. In einer eigenen Publikation bezog von Rad auch nach außen hin klare Position für das Alte Testament.[165]
Noch erhaltene Tagebuchaufzeichnungen Syltens im Zusammenhang seiner Gothaer Tätigkeit (ca.1937/38) zeigen dass er die Zeit auch dazu nutzte, Fragen der Erneuerung der Kirche anzugehen. Es war „dies die Zeit seiner *intensivsten theologischen Arbeit*". So hörte er auch Vorlesungen in der DC-dominierten theologischen Fakultät in Jena und schreibt entsetzt über das, was dort inzwischen geboten wurde.[166]
Nach der „Reichskristallnacht" und der bekannten Bußtagspredigt des Pfarrers Julius v. Jan aus Oberlenningen über Jer 22,29 bereitete der LKR sogar eine „verpflichtende amtliche Verfügung" vor, nach der die Thüringer Pfarrer *nur noch über Texte aus dem NT predigen* durften! [167]

6.7 Scharfe Konflikte mit dem „nationalkirchlichen" Landeskirchenrat

Nach dem Wirbel um den Auftritt der 20.000 DC in Berlin im November 1933 um Dr. Krause, die lautstark die gänzliche Abschaffung des Alten Testaments forderten, verhängte das Propagandaministerium eine verschärfte Zensur und rief die Zeitungen „zur größten Zurückhaltung in der Wiedergabe kirchenpolitischer Nachrichten" auf.[168] Anfang Januar 1934 wurde Sylten einem hochnotpeinlichen *„Verhör"* durch KR Dr. Volk vom Landeskirchenrat unterzogen und *„diszipliniert"*, weil er einen Erlass des DC-*Reichsbischofs Müller* - statt ihn feierlich in einem Gottesdienst zu verlesen - in unerlaubter Weise bei einer Mitarbeiterkonferenz des Heimes kritisch als „bekenntniswidrig" kommentiert und gleichzeitig seine „Verwunderung" darüber zum Ausdruck gebracht hatte, dass die Thüringer Landeskirche sie übernommen hatte. Der Erlass des Reichsbischofs drohte u.a. Amtsträgern Strafe an, wenn sie sich kirchen-politisch betätigten".[169] Sylten lieferte hierzu seinen eigenen Kommentar, der Anfang 1934 die Erfolglosigkeit der

---

[165] Vgl. Böhm (2005) 220f. 227. Vgl. Von Rad (1937)

[166] HAK 4, Rede von Hartmut Grüber vom 31.8.1992 in der „Kirche zur Heimat" Berlin-Zehlendorf aus Anlass des 50. Todestages Syltens (MS), S.9

[167] Begas (2016), 933 - Tagebucheintrag vom 19.12.1938

[168] HAK 2, „Grüße" Jan. 1934, S.2 f.

[169] Köhler (1978), S.29-31; Kogge (2008), S.20

staatlichen und nationalkirchlichen Befriedungspolitik konstatiert: „Die *neue kirchliche Führung* seit dem Sommer des vergangenen Jahres (d.h. seit dem großen Sieg der DC und der Reduzierung bzw. Beseitigung oppositioneller Kräfte im Kirchenparlament 1933, HD) hat *bisher nur Unfriede und Zerrissenheit* gebracht, so dass auch gerade treue Glieder der Kirche sich heimatlos in ihr fühlen und mit dem Gedanken umgehen, ihr den Rücken zu kehren...Es geht um die Grundlage unserer deutschen evangelischen Kirche, um die alleinige Autorität der Heiligen Schrift...“[170]

In demselben Brief klagt Sylten offen über eine einschneidende Maßnahme des NS-Staates gegenüber der organisierten Jugend: *„Die Eingliederung der evangelischen Jugend in die Hitlerjugend* hat alle, denen gerade diese Arbeit am Herzen lag, aufs tiefste bewegt. Schmerzlich ist allen dieses Aufgeben der weithin blühenden evangelischen Jugendarbeit.“[171] Auch hier ist besonders deutlich - wie bei der BDM-Frage, s.o. - Syltens Wunsch nach Unabhängigkeit kirchlicher Einrichtungen oder Organisationen von ns-gesteuerten Kräften zu spüren.

In seinem letzten regulären Jahresbericht vom März 1935 wiederholte Sylten gegenüber dem Vorstand des Heims seine kritische Gesamtsicht der kirchenpolitischen Lage, wies aber auch *mit aller Deutlichkeit auf die Erfolge von 10 Jahren Aufbau-Arbeit* in Bad Köstritz hin. Er bedankte sich beim Vorstand und bei den Fürsorgeerziehungs-Behörden für ihr langjähriges Vertrauen, besonders aber bei seinen treuen Mitarbeiterinnen für ihren großen Einsatz „für die gemeinsame Aufgabe, gefährdete deutsche Jugend nach Möglichkeit körperlich und seelisch gesund zu machen, sittlich zu festigen, geistig zu fördern, beruflich tüchtig zu machen und *im Geist und Sinne echter christlicher Gemeinde der deutschen Volksgemeinschaft*, dem national-sozialistischen Staat gliedhaft und *verantwortungsbewusst* einzuordnen“. [172]
In der sich bereits zuspitzenden Situation zwischen der DC-geleiteten Kirche und der unerwünschten oppositionellen Gruppierung LBG[173] des Jahres 1935

---

170 HAK 2, „Grüße“, Jan. 1934 S.4

171 HAK 2, „Grüße“, Jan. 1934 S.4.; zum Thema s. a. Draeger (2015), dort v.a. der erste Teil *Petersen:* Für ein *„Jugendland“ der Freiheit.* - Vgl. auch Röhm (1985), 140

172 Krautwurst 1996), S.51 f., Hervorhebung H.D.; HAK 1, Jb 9, S. IX f.

173 Laut Heinrich Bauer handelt es sich bei der LBG um eine vereinsmäßig gebildete Gemeinschaft von Gemeindegliedern und Pfarrern, s. HAK 4, Pf. Heinr. Bauer, Dachau, Gedenken an Werner Sylten, S.2

will Sylten keinen Zweifel daran erlauben, dass die christliche Arbeit im Köstritzer Heim im Rahmen und *inmitten der „deutschen Volksgemeinschaft"* geschehe. Die Betonung des *Verantwortungsbewusstseins* verweist aber auf die Aufgabe, den *eigenen* Ermessensspielraum gerade auch in extrem schwieriger Zeit zu suchen. Dieser Appell an die eigene Berufung und Verantwortung des christlichen Erziehers in seinem „Dienst am Mitmenschen" in der je konkreten Situation erinnert stark an Petersens ähnlich lautenden Rat für den Umgang mit den Gleichschaltungstendenzen der Diktatur. [174]

Durch sein sozialethisches Engagement und sein Selbstverständnis als religiöser Sozialist war Werner Sylten mit der biblischen Sozialkritik vertraut, die ja besonders in den hebräischen Schriften des AT zu finden ist. Schon von daher war sein *Festhalten an der Einheit von AT und NT* unumstößlich, als die in den 1930-er Jahren erstarkende Bewegung der „Deutschen Christen" das gesamte AT als „jüdisches" Element aus dem Kanon der Bibel entfernen wollte. Die Lutherische Bekenntnisgemeinschaft (LBG) *Thüringens hielt mit der Erfurter Erklärung vom 10. Juli 1935* frontal gegen die deutschchristlichen Auffassungen des Landeskirchenrates, indem sich die Unterzeichner *weigerten, die* „geistlichen Leitung" der Kirche durch LKR und Landes-Bischof anzuerkennen und stattdessen die Bekennende Kirche und die LBG als ihre geistliche Leitung deklarierten. Dies war eine *notwendige und spürbare Abgrenzung von der rassistischen Linie des LKR*, zugleich eine schallende Ohrfeige für den Landesbischof Sasse, dessen wichtigste Funktion in Frage gestellt wurde.

Sylten , der seit Gründung der LBG deren „Vertrauensmann" für Ostthüringen war, unterschrieb diese Erklärung ebenfalls, in welcher auch das „Bekenntnis" des Thüringer Bischofs zur *antireformatorischen Irrlehre der Bekämpfung des „jüdischen" Alten Testamentes* angeprangert wurde.[175] Zu den Unterzeichnern der Erfurter Erklärung gehörte auch die ordinierte Theologin *Gertrud Schäfer,* die ab 1936 Religionslehrerin an Petersens Universitätsschule wurde.[176] Es gab vonseiten der Kirchenleitung empfindliche Strafen für die ca.100 beteiligten oppositionellen Thüringer Pfarrer. Der Hilfspfarrer *Müller-Kaltenwestheim*, der „illegal" weitergearbeitet hatte, wurde sogar als erster

---

[174] Peter Petersen (1938) Schulgemeindevorlesung

[175] Kogge (2008), S.19f.

[176] Kluge (1992) 185

Thüringer Geistlicher von der Gestapo verhaftet und landete schließlich im KZ Bad Sulza.[177]

6.8 Im Fadenkreuz des „Völkischen Beobachters" (VB)

Am *20.9. 1935* - unmittelbar nach dem Reichsparteitag und der Verabschiedung der Nürnberger Rassegesetze - erschien in dem reichsweit täglich erscheinenden „Kampfblatt" der NSDAP, dem „Völkischen Beobachter" und textgleich in der amtlichen Lokalzeitung für Bad Köstritz [178] ein *anonymer Hetzartikel* gegen einen Beitrag von Heinrich Steege/Bethel in den „Grüßen aus dem Mädchenheim" vom September 1935.[179]

In der Auswirkung dieses gehässigen Angriffs kam Werner Sylten um sein Amt. [180]

Im „Völk. Beobachter" wurde Werner Sylten fälschlich für den Beitrag Steeges[181] verantwortlich gemacht, demzufolge „deutschen Mädchen das Heil vom Judengott Jahwe" versprochen worden sei. Steeges Artikel bot dem VB einen willkommenen Anlass zur Fortsetzung seines Feldzugs gegen die „falschen" Vorstellungen einer gleichwertigen Zuordnung des „jüdischen" Alten Testaments zum Kanon der Bibel, besonders in den Kreisen der Bekennenden Kirche. Der Artikel des „Völkischen Beobachters" gegen Sylten - direkt nach dem *Reichsparteitag* (10.-16.9.35) - war auch Teil einer ganzen Kampagne der NS-Organe gegen die BK und andere „reaktionäre Kräfte". Allein im *August* erschien ein Artikel im „Stürmer" und ein anderer im „Völk. Beobachter" gegen „die inneren Störenfriede der Judenpolitik".[182]

Offensichtlich hatte der inkriminierte Artikel von Steege den Kern der NS-Ideologie und der Ende September 1935 erst seit wenigen Tagen geltenden Nürnberger Gesetze getroffen, - die Rassenideologie mit ihrer radikalen Trennung von christlicher und jüdischer Theologie, von „arischen" und jüdischen Menschen. Der anonyme Verfasser dieses Hetzartikels im „Völki-

---

[177] Kogge (2008) 22; Köhler (1978),29 ff.

[178] Vgl. Röhm/Thierfelder (1995), S. 310

[179] Krautwurst (1996) S.80

[180] HAK 4, Vortrag Bruno Köhlers „Werner Sylten und seine Zeit" - Mai 1977, S.9

[181] Heinrich Steege Bethel: Das Alte und das Neue Testament, HAK 2, „Grüße" Sept. 1935, S.2 f.

[182] Kogge (2008) 23 - nach Ludwig (2008), Die Denkschrift von Elisabeth Schmitz „Zur Lage der deutschen Nichtarier", S.101f.

schen Beobachter" war zweifellos ein theologischer „Experte" deutschchristlicher Provenienz.[183]

Darüber hinaus *zielte dieser Artikel* mit seiner aggressiven Polemik auf die Thüringer Situation. *Werner Sylten*, der ja erkennbar gar nicht der Autor des beanstandeten Artikels war, stand durch die unvermittelte, scheinbar unmotivierte Nennung seines Namens plötzlich im Rampenlicht einer massiven Beschuldigung, - eine Vorgehensweise, die es nahelegt, hier in Fortsetzung der Impulse des Parteitags eine sorgfältig eingefädelte neue Kampagne der DC zu sehen.
Die hellhörige und weitsichtige Chronistin im Thüringer Kirchenkampf Marie Begas spürte sofort die Brisanz dieser Attacke des „Völkischen Beobachters" gegen die Bekennende Kirche. Am Tag darauf notierte sie erschrocken in ihrem Tagebuch: „Gestern war wieder so ein Tag, an dem ich nicht arbeiten konnte. Es war furchtbar. Im Völk. Beobachter vom 20. ist ein stark hervorgehobener (schwarz umrandeter) Angriff auf Sylten-Bad Köstritz", weil er in seinem kleinen Kirchenblatt von ‚Jahwe' gesprochen hat pp."[184]

Sylten wurde noch am Tag des Erscheinens des besagten Hetzartikels zu einem vierstündigen Gespräch mit der Leitung der Landeskirche und der Inneren Mission bestellt[185] und am Folgetag sprach er mit einem Vertreter des thüringischen Innenministers.
Als Herausgeber der „Grüße" stellte Sylten klar, dass er selbst keine Verantwortung für den betreffenden Teil der Ausgabe hatte, verteidigte aber inhaltlich diesen Artikel, der mit dem Apostolischen Glaubensbekenntnis übereinstimme. Der kirchenpolitische Konflikt und seine Mitarbeit im NS-kritischen Pfarrernotbund und der Thüringer LBG war aus der Sicht des LKR eine zusätzliche Belastung.

Anschließend versuchte Sylten in einem sehr sachlich gehaltenen *Schreiben an den „Völkischen Beobachter"*, den Falschaussagen des Zeitungsartikels entgegenzutreten. Dieser Brief gelangte auch in die Hände des Bischofs. Am 24.9. suchten sowohl Sasse als auch Dr. Volk, durch eigene Schreiben an die Redaktion des „Völkischen Beobachters" die Veröffentlichung des Briefes von Sylten an den VB zu verhindern. Sasses Schreiben - auf Initiative von Syltens

---

[183] Es könnte Phieler, Grundmann oder ein Mitglied des LKR, wie Gestapomann Lehmann gewesen sein.

[184] Begas (2016) 272. Begas glaubt hier noch dem „Völk. Beobachter", der Sylten zum Hauptverantwortlichen für diesen Artikel gemacht hatte.

[185] Vgl. Röhm/Thierfelder (1995), S.311

Vorgesetztem Phieler bei der Inneren Mission - ist besonders aufschlussreich: „Ich bitte, dieses Schreiben als das Schreiben eines Mannes ansehen zu wollen, *der völlig verworren ist*...Ich teile Ihnen weiter mit, dass der Landesverband für Innere Mission sowohl als auch *ich selbst sofort eingegriffen habe, dahingehend, dass in wenigen Tagen Pfarrer Sylten beurlaubt wird*, sobald die Betreuung des Heims ihre weitere vorläufige Regelung gefunden hat." Sasse eilt hier aber den Ereignissen weit voraus. Denn der „Fall Sylten" war ja keineswegs in „wenigen Tagen" zu beenden. Es gab ja anhaltenden Widerstand gegen eine solche Beurlaubung von Seiten Syltens (Briefe, Treffen mit allen möglichen Instanzen und Personen) und des EREV (Pf. Fritz-Teltow).
Sasse tat auch so, als ob er die Dinge allein entschiede, während die Kirchenleitung gerade in diesen politisch brisanten Fragen doch immer den Schritten des LMI *gefolgt* ist. Außerdem gaukelte er der Redaktion des VB vor, dass es zu diesem Zeitpunkt bereits eine „vorläufige Regelung" der Heimsituation nach Sylten gegeben habe. Dementsprechend würde ein Eingehen des „Völk. Beobachters" auf *Syltens* Brief nur Staub aufwirbeln. Entscheidend aber ist, dass der Bischof keinerlei Anstalten machte, Sylten vor diesem gehässigen Angriff des VB zu schützen, und statt dessen - vier Tage nach dem Erscheinen des Hetzartikels - die Beurlaubung Syltens schon als beschlossene Sache hinstellte.[186]
Ende 1935 - die „Beurlaubung" Syltens durch die dafür berechtigten Instanzen war noch gar nicht geschehen und der jüdische Hintergrund Syltens väterlicherseits offiziell nicht bekannt - liefen bereits die Bemühungen Syltens und seiner Unterstützer (EREV, LBG), eine neue Arbeitsstelle in Thüringen oder im Reich zu finden. Der LKR war sich aber offenbar darin einig, Sylten auf gar keinen Fall in Thüringen weiter zu beschäftigen. In einer Aktennotiz des LKR vom 5.1. 1936 vermerkte der Schreiber Dr. Volk, die *Kirchengemeinde Salzungen* über den Befund der *jüdischen Abstammung des Bewerbers* Sylten auf die vakante Pfarrstelle informiert zu haben, um den möglichen Erfolg der Bewerbung zu verhindern.[187] Dies ist ein klarer Beleg dafür, dass sowohl die Kirche als auch der Staat schon *vor* der „Beurlaubung" Pf. Syltens (1.4 bzw. 30.4.36) von dessen jüdischer Abstammung gewusst hat und dass diese Information genügte, um Sylten nicht nur von Köstritz, sondern von allen anderen Thüringer Pfarrstellen fern zu halten. Außerdem wird hier klar, dass auch schon die weit gefasste „Beurlaubung" - entgegen

---

[186] HAK 3, G 1091/24.9. (1935) Brief des Bischofs Sasse an die Redaktion des VB - ohne Briefkopf; vgl. auch Stahl (1995) LKA Eisenach, Archivalien-Signatur 4

[187] Köhler (1980), S.40

anderslautenden Urteilen - doch etwas mit der jüdischen Abstammung Syltens zu tun hatte.[188] Dass Sylten im Februar 1936 dem aus dem KZ zurückgekehrten Hilfspfarrer Müller-Kaltenwestheim aus Solidarität und Nächstenliebe einen Vertretungsdienst im Köstritzer Heim erlaubt und ihm damit ein Forum gegeben hatte, wurde dann für den Landesinnenminister ein letzter Auslöser für Syltens Beurlaubung und Hausverbot. Müller-K. war vom LKR regelrecht zu einem Symbol des Kirchenkampfes gemacht worden, und der Minister statuierte ein Exempel, indem er die gesamte Belegschaft des Heims durch die NSDAP und Gestapo verhören ließ. Fast alle verweigerten unter Druck verlangte Aussagen gegen Sylten. Zwei Mitarbeiterinnen lieferten aber die gewünschten Denunziationen, gaben sich dabei zugleich selbst der Lächerlichkeit preis.[189]

6.9 Sylten und seine Vorgesetzten

Syltens im 9. Jahresbericht vom 9.März 1935 in Anwesenheit des Vorstands vorgetragene Einschätzung, es hätte im zurückliegenden Zeitraum *„schroffe Gegensätze“* auf theologischem, erbbiologischem Gebiet in der Kirche gegeben, erntete Vorwürfe seines Vorgesetzten Phieler, der ja schon qua Amt sehr nahe an der Kirchenleitung war. Sylten verteidigte sich damit, dass die wirklich bewegenden Ereignisse und Schwierigkeiten, das „was Tag und Nacht uns nicht losließ“, in Jahresberichten nicht völlig verschwiegen werden können. Als positives Gegenbeispiel nannte er den entsprechenden Bericht von Pf. Fritz, des Leiters von EREV, der doch allen einschlägigen Behörden im Reich zugänglich gemacht worden sei. Aber so viel *Transparenz* in diesen Fragen war nicht der bevorzugte Stil des Landesführers der Inneren Mission in Thüringen.

Jenen Raum für einen umfassenden und freien Diskurs wollte der Landesführer dem kritischen Heimleiter Sylten nicht erlauben. Letztlich wussten beide - Sylten und Phieler - dass sich ihre Wege mit dem Einsetzen der NS-Herrschaft getrennt hatten.[190] Sylten wollte bei allen äußeren Anpassungsbemühungen seinen pädagogischen Freiraum, seine Freiheit der (kirchen-)politischen und ethischen Meinungsäußerung und wenigstens auf dem Terrain der Kirche seinen theologischen Standpunkt mit dem Bekenntnis

---

[188] Dieses Handlungsmuster „funktionierte“ auch im Fall des ebenfalls „halbjüdischen“ Pfarrers Ziegler, dem auf diese Weise der Weg zu einer neuen Pfarrstelle - hier im Ausland - abgeschnitten wurde. Vgl. Einleitung zu Begas (2016) 65

[189] Kogge (2008), 28; HAK 3, E 217; E 375; E 376; s.a. A 530, Brief vom 6.5.33

[190] Siehe hierzu die briefliche Bemerkung Syltens an Phieler vom 3.7.1935, HAK 3, Private Handakte der Familie Phieler Eisenach, - kurz vor der Erfurter Erklärung.

zur Einheit des Alten und Neuen Testaments verteidigen, während Phieler in der Rolle des Vorgesetzten die großen Vorgaben des NS zu erfüllen suchte. Dazu gehörte enge, zugleich in den wesentlichen Punkten konform gehende Kooperation mit den höchsten Instanzen, wie Landesbischof, LMI, Reichsbischof Müller, Reichsminister Kerrl, aber auch eigene kirchenpolitische Impulse und Aktivitäten auf der Linie der Bekämpfung und Eindämmung jeder oppositionellen Regung. Auch noch nach dem Generalangriff des „Völkischen Beobachters" auf Werner Sylten verhinderte Phieler selbst eine ad hoc-Sitzung des Vorstands des Mädchenheims, zu der Sylten *alle* zu einer sachlichen Auseinandersetzung mit den Inhalten der Angriffe einladen wollte.[191]

In der Sache des Briefwechsels mit dem „Völkischen Beobachter" hatte er das Ohr des Bischofs. Phieler notierte im Oktober 1935, dass Sylten bereits seit zwei Jahren unüberbrückbare politische Differenzen mit den Parteiinstanzen von Köstritz gehabt habe, und er schon deswegen nicht mehr das Vertrauen des Ministers besitze. An dieser Stelle wird klar , wie die politische Meinungsbildung von den Köstritzer Parteiinstanzen über den Innenminister hin zum Landesführer der Inneren Mission verlief, für den offensichtlich persönlich gar nichts anderes in Frage kam, als der Meinung des Ministers zu folgen.

Auch hielt Phieler *Syltens* aktive Betätigung im „Kirchenstreit" bei seiner „politischen Belastung" (z.B. infolge von Gestapo-Informationen an den LKR) für „ein völlig unmögliches Beginnen".[192] Also war für Phieler bereits vor der Erfurter Erklärung das Maß der *politischen* Belastung Syltens übervoll, die kirchenpolitische kam noch hinzu.

Phieler forderte Sylten nach dem „Zusammenstoß mit dem Völkischen Beobachter" förmlich dazu auf, die neue „Geschäftsverbindung" seiner „Grüße aus dem Mädchenheim" mit dem Verlag des thüringischen Sonntagsblattes, dem Organ der „Bekenntnisgemeinschaft Thüringens", abzubrechen und das Blatt nicht mehr dort drucken zu lasse. Phieler nutzte die Situation also umgehend dazu, die kleine innerkirchliche Opposition der LBG zu schwächen.[193] In einer *internen Notiz vom 9.5.1936* (Verfasser

---

[191] HAK 3, Private Handakte der Familie Phieler Eisenach, Brief Syltens an den Thüringer Verband für Innere Mission vom 24. 3. 1936

[192] HAK 3, Private Handakte der Familie Phieler, Niederschrift einer Besprechung vom 11. Oktober 1935 von Pf. Phieler mit Pf. Fritz in Berlin-Spandau

[193] HAK 3, Private Handakte der Familie Phieler Eisenach, Niederschrift Phielers von Besprechungen mit den Ministerialbeamten Döpel und Reichenbächer am 25.9 / 27.9.1935 über Sylten

wahrscheinlich Dr. Volk) räumte der LKR in Bezug auf frühere, anderslautende Darstellungen nun in einem Fazit ein: „Der Artikel ‚Das ‚Alte und das Neue Testament' ist nicht der alleinige Grund zur Beurlaubung des Pfarrers Sylten. Was im einzelnen der Grund gewesen ist, hat der Minister nicht mitgeteilt. Für seine Entscheidung ist die Einstellung der Staatspolizei mitbestimmend, wenn nicht ausschlaggebend." [194]

Die Notiz vom 9.5. macht auch klar, dass für die Beurlaubung Syltens *zwei* Hauptmotive entscheidend waren, das theologische und unmittelbar damit verbundene rassepolitische Motiv, dann das „rein" politische und kirchenpolitische.
Mit Blick auf die Notiz vom 9.5. ergeben sich weitere Fragen: Was wusste der Minister und evtl. der LKR noch alles? Hinzu kommt: Nun sollte auch eine Versetzung Syltens in eine andere Pfarrstelle der Thüringer Evangelischen Kirche „mit der Begründung des Thüringer Innenministers z.Z. nicht möglich" sein. Die Situation war also verschärft: In Sachen Heimleitung hatte der Minister ja ohnehin ein Mitspracherecht, aber wenn er inzwischen sogar eine Pfarrstellenbesetzung verhindern konnte, verlor die Kirche ihre Zuständigkeit bei innerkirchlichen Personalbesetzungen. So wurde Sylten auch von seiner Kirche schon wie eine Person behandelt, für die eine neue Bewerbung auf eine Pfarrstelle sowieso nicht in Frage kommt. Wieder übernahm die Thüringer Kirche in einer eindeutig kirchlichen Angelegenheit die Sichtweise und Entscheidung des Polizeiministers und dessen Apparates.

Nimmt man beide Notizen des LKR (vom 5.1.36 und 9.5.36) zusammen, dazu die Tatsache, dass Syltens jüdische Abstammung bereits im Herbst 1935 im Zusammenhang der Suche nach einer neuen Pfarrstelle in den drei „intakten Landeskirchen" Hannover, Bayern und Württemberg bekannt war [195] und auch diese Kirchen unter Beobachtung der Gestapo standen, hat Phielers Darstellung seines Suchens und quasi zufälligen *Auffindens eines „verlorenen Blattes"* erst am 21.4.36 in Syltens Eisenacher Personalakte, das als erstes Auskunft über Syltens jüdische Abstammung gegebenhaben soll[196],

---

[194] Köhler (1980), S.38 f.

[195] Vgl. Röhm (1993), S.322

[196]Auf einer Geburtsanzeige des älteren Sohnes Reinhard, geb. 1926, waren die *drei* Vornamen Syltens verzeichnet, einschließlich des in den Ohren Phielers wohl „jüdisch" klingenden „Isidor": Vgl. Kogge (2008), S.31.- Laut Kogge ist nicht bekannt, woher Phieler den Tipp bekommen hatte, einmal die Personalakte Syltens genauer anzuschauen. Ständigen Zugang zu den Akten hatte eigentlich nur KR Lehmann, s.o., der aus seinen Gestapo-Verbindungen nie einen Hehl machte, auch um andere einzuschüchtern (Böhm).

etwas von einer Inszenierung. Nach diesem „Fund" sorgte Phieler sogleich für die *Verbreitung* dieser Information bei allen möglichen Stellen (Reichkirchenausschuss in Berlin RKA, Central-Ausschuß der Inneren Mission Berlin CA, Evangelischer Reichs-Erziehungs-Verband EREV, Lutherische Bekenntnisgemeinschaft LBG in Gotha) - dies war außer einer „flächendeckenden" Denunzierung im Stil des NS und Selbstrechtfertigung für die Beseitigung eines hochkompetenten Mitarbeiters der Inneren Mission auch eine Kompensation für das lange „Versagen" der Inneren Mission und der Kirche in diesem „Fall", zudem auch Wichtigtuerei und Abschreckungsgeste. [197]

6.10 Die offizielle Beurlaubung Syltens

Der Thüringer Innenminister beurlaubte am 1.4.1936 Werner Sylten mit sofortiger Wirkung, auch wenn er dazu gar nicht allein berechtigt war. Ein Stellenwechsel war ja in diesem kirchlichen Mädchenheim nur einvernehmlich zwischen Staat und Kirche möglich. Im entsprechenden Schreiben des Ministeriums an Sylten *wurde die Beurlaubung wegen seiner „ablehnende(n) Einstellung gegenüber dem ns. Staat" begründet.* Diese rein politische Begründung erwähnt nun wieder mit keiner Silbe, dass der Kampf um das „jüdische" Alte Testament und das Wissen um Syltens jüdische Abstammung bei der Beurlaubung eine Rolle gespielt hat.

Bereits im September 1935 habe das LMI (wohl im Gespräch vom 21.9. mit Sylten) darauf hingewiesen, dass Sylten aus diesem Grunde nicht weiterhin Leiter des Mädchenheims sein könne. Der thüringische Innenminister betont dann noch Mitte Juni 1936 - in einem Schreiben an den Reichskirchenminister Kerrl in Berlin: „Der Artikel (Steeges) spreche *dem Rassegedanken, dem Grundpfeiler der ns. Weltanschauung einfach Hohn".* An dieser Stelle wird der schroffe Gegensatz zwischen der theologischen Aussage der Bekenntnisrichtung zur politisch-weltanschaulichen Bewertung des NS-Ministers überdeutlich. Und der Innenminister geht auch sofort zur praktischen Beschuldigung gegen Sylten über: Sylten habe den Inhalt des Artikels *vorher gekannt* und den Leserinnen besonders *empfohlen* - damit habe er auch *die Verantwortung* für den Inhalt des Artikels übernommen.[198] Der Thüringer Innenminister überging dabei den nicht unwesentlichen Tatbestand, dass der so inkriminierte Artikel, der Sylten belasten sollte,

---

[197] Kogge (2008), 30/128 nennt weitere Fragwürdigkeiten im Verhalten Phielers.

[198] HAK 3, E 375, Schreiben des Landesministers des Inneren (LMI) an den Reichs- und Preußischen Ministers für die kirchlichen Angelegenheiten Kerrl vom 15.6.1936

bereits mehrfach in Deutschland erschienen und von der „Reichsschrifttumskammer“ für den Abdruck genehmigt war.[199]

Das Ministerium erhärtet seine aktuelle Beurlaubungsabsicht in seinem Schreiben vom 1.4. mit dem Satz: „Auch neuerdings wieder ist nach Mitteilung der Polizeibehörde Ihre ablehnende Haltung gegen den ns. Staat zutage getreten.“ Da mit dem gleichen Schreiben auch Pf. Phieler informiert (aber nicht weiter befragt) wurde, war die Beurlaubung Syltens praktisch schon am 1.4. beschlossene Sache.

Phieler verteidigt in einem Schreiben an Pf. Fritz die Vorgehensweise des LMI: dieses hätte Pf. Sylten kein Unrecht zugefügt. Vor der Beurlaubung vom 1.4.36 hätten auf Veranlassung der *Polizeiabteilung* des Staatsministeriums sowohl die Wohlfahrtsabteilung als auch die Justizabteilung (Stiftungsaufsichtbehörde) zusammengewirkt. Ein „größerer Kreis von Herren“ des Landesministeriums des Inneren hätten nach eingehenden und sorgfältigen Überlegungen zu dem entscheidenden Schritt geführt.[200] Die Herren unter Leitung der Polizeiabteilung entschieden natürlich rein politisch. Aus dem Blick geriet Sylten, der Mensch und Familienvater, das Mädchenheim, die Mitarbeiterinnen und Zöglinge im Heim, auch die Kirche, deren innerste „Mission“ nicht mit dem NS vereinbar ist.

Am Ende wurde erst mal der Oberlehrer Götz „kommissarisch“ zum Leiter des Heims bestellt, dem schon Anfang 1937 Pf. Leuchtenberger folgte.[201] Gleichzeitig wurde Sylten aufgefordert, seine Amtsgeschäfte umgehend einem *kommissarischen Nachfolger* zu übergeben.[202]

Der Hausjurist und stellvertretende Präsident des Landeskirchenrates Dr. Volk stellte sich dann auch noch vollkommen hinter die Beurlaubungsmaßnahme des Innenministers und gab keinerlei eigenen Willen der Kirche in dieser doch vor allem sie betreffenden Personalangelegenheit zu erkennen. So erschien die Thüringer Kirche mehr und mehr nur als „verlängerter Arm der Regierung“ (Kogge).[203]

---

[199] Vgl. Kogge (2008), S.23

[200] HAK 3, Handakte der Familie Phieler, Brief des Landesführers der Inneren Mission Thüringens an Pf. Fritz / EREV Berlin vom 17.4.1936

[201] Krautwurst (1996), 48 f.; siehe auch die Liste der Jahresberichte unter „Quellen“!

[202] Vorgänge betr. Pfarrer Sylten in Bad Köstritz (1936), LKA Eisenach, Archivalien-Signatur 4; Röhm/Thierfelder (1995), 316. 318

[203] Kogge (2008) 26

In der kürzest möglichen Form bringt Thierfelder den gesamten Vorgang der Entlassung Syltens mit dem Satz auf den Punkt:

Nach dem Artikel des Völkischen Beobachters zum Steege-Aufsatz in den „Grüßen aus dem Mädchenheim" und den bedrohlich in Szene gesetzten Beschuldigungen gegenüber Sylten „wurde (dieser) durch ein infames Zusammenspiel von Innenministerium und Kirchenleitung sowie dem Landesführer der Innern Mission, Gerhard Phieler, aus seinem Amt gedrängt".[204]
Kaum war Sylten beurlaubt, meldete sich auch schon die NSDAP-Ortsgruppe. Mit einem Schreiben an das LMI wollte sie nun den altgedienten und arbeitslosen sowie „politisch höchst zuverlässigen Parteigenossen", den „Privatlehrer" Eisfeldt als Nachfolger Syltens in Stellung bringen. [205]

6.11 Der erzwungene Abschied Werner Syltens von Bad Köstritz

Die großen Verdienste in Bad Köstritz und seine überregionale Bekanntheit konnten Werner Sylten nicht vor der Entlassung als Heimleiter und Versetzung in den Wartestand mit stark geminderten Bezügen schützen. Er wurde *auch von der deutsch-christlichen Kirchenleitung zum Rücktritt gezwungen.* Heinrich Bauer resümiert: Der LKR versetzt Sylten am 9.10.1936 „ohne Verfahren widerrechtlich in den Wartestand". „Werner Sylten ist in seiner Berufsehre tief gekränkt, ohne Aussicht sein Recht zu erstreiten. Aufgrund seiner jüdischen Abstammung und angesichts seiner theologischen Haltung war er zum leichten Angriffsziel des Staates und *zur unangenehmen, leicht abwerfbaren Last einer dem Staat hörigen Kirchenleitung geworden*, die die biblische Grundlage verlassen und sich der nationalkirchlichen Häresie verschrieben hatte."[206]

Diese offizielle Versetzung Syltens in den Wartestand durch die Kirchenleitung erfolgte wiederum ohne Hinweis auf Syltens „nicht-arische" Abstammung, - möglicherweise weil die Thüringer Kirche zu der Zeit mit Pf. Ziegler noch einen anderen „nicht-arischen" Pfarrer beschäftigte und jede öffentliche Diskussion in dieser Angelegenheit zu verhindern suchte.[207]

---

[204] Biogramm Sylten bei Begas (2016) 1046 - nach Thierfelder (2000),143

[205] HAK 3, Brief der NSDAP-Ortsgruppe Bad Köstritz an das LMI in Weimar und Brief von Eisfeldt vom 9.7.1996 an Ministerpräsident Marschler

[206] HAK 4, Pf. Heinrich Bauer, Dachau, Zum 50. Jahrestag der Befreiung 29.4.1945/1995 - Gedenken an Werner Sylten, S.3

[207] Vgl. Böhm (2008), S.103 ff

Werner Syltens Wunsch, „einen *ehrenvollen* Abschied mit geordneter Übergabe der Amtsgeschäfte an einen fähigen Nachfolger“ zu bekommen, ging nicht in Erfüllung. [208]

In schlaflosen Stunden des Jahres 1938 kamen Syltens ganze Last und Leid, seine Verletzungen und Ängste in einigen kurzen Gedichten zum Ausdruck:

Die Zeit verrinnt
„Man hat mich ausgeschlossen
aus Volk und Arbeit, Ehre und Beruf.
Darüber ist mein Herz zutiefst verdrossen,
klagt an das Schicksal, das mich schuf...
Trotz allem, meine Kinder, glaubt,
dass Deutschland mein' und eure Heimat ist!
Nun lieg' ich brach, und niemand braucht mich mehr,
Deutschland dein Kind liebt dich so sehr.
Du kannst verstoßen nicht auf alle Zeit...“

Neue Hiobspost (Schluss in Gebetsform:)
„...und schenk uns wieder Freude an der Erde,
dass wieder froh ich mit den Kindern werde...“[209]

Hinsichtlich seiner *beruflichen* Aufgabe als Heimleiter konnte man Sylten nicht das geringste vorwerfen. Seinen letzter Jahresbericht vom März 1936 - inhaltlich den vorangegangenen Berichten gleichend - enthielt die auffällige Überschrift „Jahresbericht 1935/36 , erstattet *auf Anordnung* des Thüringer Verbands für Innere Mission“. Offensichtlich musste Sylten kurz vor der offiziellen Entlassung gezwungen werden, *nochmals seiner Berichtspflicht* nachzukommen.[210] Dieser Bericht wurde dann aber anstandslos bestätigt. Selbst Grundmann sprach in einem Aufsatz nach 1945 von einer „einst

---

208 Vgl. Kogge (2008) 27

209 HAK 4, Gedichte (Auszug): Die Zeit verrinnt, S.2-5; Neue Hiobspost, S.6; das Wort „Deutschland“ taucht in diesen wenigen religiös-poetischen Zeilen insgesamt gleich sieben Mal auf!

210 HAK 1, Jb 10, S.I

vorbildlichen und blühenden Anstalt", - damit kann er aber schwerlich die Zustände in den Jahren vor und nach Sylten gemeint haben![211]
Die „für *diesen Punkt* der Tagesordnung herbeigerufene Sekretärin" Brunhilde Lehder, die ebenfalls angereist war, durfte in Weimar noch den Bericht zur Jahresrechnung erstatten. In dieser Sitzung drohte aber auch schon der Vertreter des LMI Regierungsrat Döpel mit der Schließung des Heims, sollten die „Schwierigkeiten unter den Erzieherinnen oder bei neueintretenden mit den Zöglingen" weiter andauern. Auch die Bemerkung des Landesrats Tobien ist aufschlussreich: „Viele Schwierigkeiten würden fallen, wenn Pf. Sylten *nicht mehr in dem Heimgrundstück wohne."* "Es wurde auch beschlossen, die Kündigung zum 1.7. „in Verfolg der Verfügung des Herrn Thür. Ministers des Inneren vom 1.4." sofort an Sylten zu vermitteln und „erst wenn wieder gefestigte Verhältnisse im Heim herrschen, erneut die Heimleiterfrage" aufzurollen. Sylten bekomme seine Umzugskosten nur erstattet, wenn er bis 31.Mai, also innerhalb eines Monats, die Wohnung geräumt habe. Immerhin wurde geklärt, dass Sylten in der Thüringischen Kirche lebenslänglich angestellt sei. Freilich nicht mit einer regulären Pfarrstelle, sondern im Wartestand. [212]
Aus Solidarität mit ihrem Heimleiter Werner Sylten *kündigten sodann 15 von 18* Erzieherinnen ihre Stelle im Thüringer Mädchenheim. Hinzu kam eine Reihe anderer Zeichen tiefer Verbundenheit der Mitarbeiterinnen beim Abschied. Sie feierten zusammen mit ihm ein *letztes Abendmahl* und begleiteten Ihren hoch geschätzten Chef mit einem Demonstrationszug auf dem langen Weg zum Bahnhof. Später organisierten sie eine *Abordnung in das Weimarer Ministerium* und schickten am 3.4. eine Solidaritätsadresse mit ihren Unterschriften an den Innenminister. Darin äußerten sie ihre Bestürzung über die Maßnahme des Ministers, bestritten glatt Syltens Ablehnung des NS. Sylten habe im Gegenteil „mit aller Selbstverständlichkeit alles getan, um dem Eindringen der ns. Idee in die Anstalt breitesten Raum zu geben." Auch sie betonten, dass Sylten nicht der Verfasser des umstrittenen Artikels sei und die Polizeibehörde mit ihren Anklagen nicht die Realität im Heim beschreibe.[213]
In einer koordinierten Aktion sandten ehemalige Mitarbeiterinnen aus ganz Deutschland *Solidaritätsschreiben nach Weimar*. Es folgten noch persönliche

---

211 Vgl. Grundmann-Aufsatz im Nachlass Grundmann, LKA Eisenach, Bl.5 und Krautwurst (1996), S.48

212 HAK 2, Protokoll der Vorstandssitzung vom vom 30.4.1936, S.1-3, Hervorhebung HD

213 HAK 3, E 375, Solidaritätsadresse der 15 Mitarbeiterinnen vom 3.4.1936 an den LMI

Schreiben einzelner Erzieherinnen an das Staatsministerium und das Innenministerium. Diese mitten in der NS-Diktatur ungewöhnlichen Proteste blieben erfolglos. Auch die Proteste des *Berliner* Centralausschusses für Innere Mission und des Bruderrates der Lutherischen Bekenntnisgemeinschaft in Thüringen blieben ohne Wirkung. [214]
Den definitiven Vollzug der Entfernung Syltens aus dem aktiven Dienst in Thüringen meldete dann ihrerseits die thüringische Kirchenleitung in einem Schreiben an den für die Gleichschaltung der Kirchen zuständigen Reichs- und Preußischen Minister für kirchliche Angelegenheiten in Berlin *Hanns Kerrl* vom 19.11.1936. [215]

Pfarrer Fritz' *Suche in ganz Deutschland nach einer neuen Arbeit* für Werner Sylten war vergebens.[216] Der „Inneren Mission" in Thüringen ihrerseits gelang es nur mit äußerster Mühe, einen *Nachfolger für Sylten* zu finden. Jeder potentielle Nachfolger hatte ja die Geschichte des Heims, die unglaublichen Konflikte am Ende und den erzwungenen traurigen Abgang eines bedeutenden Pädagogen vor Augen. IM-Landesführer Phieler musste tatsächlich mit 22 (!) Personen verhandeln, um jemand für diese Stelle zu gewinnen.[217] Einer von den 22, die abgesagt haben, begründete dies ausdrücklich mit der „besonderen theologischen Lage Thüringens".

Sylten *klagt* in einem Schreiben an den Thüringer Verband der Inneren Mission und an den Landesführer Phieler im März 1936 - kurz vor seiner Zwangsbeurlaubung - sie hätten ihn trotz seiner „theologisch-kirchlich einwandfreien Erwiderung" an den „Völkischen Beobachter" vor den Angriffen der Deutschgläubigen *nicht geschützt*, weil Phieler eben auch selbst den umstrittenen Satz Steeges über AT und NT, der doch „offenbare Lehre der Kirche" enthalte, ablehne.[218] Sylten fühlte sich in den entscheidenden Momenten dieses sich so lang hinziehenden Verfahrens ausgesprochen rechtlos, - kein Wunder, denn diejenigen die das Sagen hatten, standen ausnahmslos auf der Gegenseite und verhinderten schon jeden offenen Diskurs, und es gab für ihn keine Möglichkeit eines ordentlichen Gerichtsverfahrens, um die Dinge zu klären. Von den vielen Äußerungen, die

---

[214] Köhler (1980), S.38; Krautwurst (1996), S. 46.48; Kogge (2008) 28 f.

[215] Krautwurst, S. 46/103

[216] Kogge (2008) 26.29

[217] Kogge (2008), 27/115

[218] HAK 3, Private Handakte der Familie Phieler Eisenach, Brief Syltens an den Thüringer Verband für Innere Mission vom 24. 3. 1936

aus dem Thüringer Machtzirkel (Landesministerium des Inneren und Landeskirchenrat) nach außen drangen, gab es keine, die sich für den Verbleib Syltens im Amt stark machten. Phieler behauptet später, er habe sich für Sylten beim Bischof eingesetzt, ohne aber seine Aktion und ihre Wirkung näher zu benennen.[219] Ein Kontrastbeispiel bietet die Reaktion des Wehrbezirkskommandos *Gotha*: 1937 - also zwei Jahre nach den Nürnberger Gesetzen und über ein Jahr nach Syltens „Beurlaubung" wandte sich der LKR in der Abstammungsfrage an die im NS-Staat zu dem Zeitpunkt noch relativ unabhängige, „eigene Institution" (Hartmut Grüber) der Wehrmacht. „Aber diese Dienststelle verwies auf Syltens Erklärung: ‚ihm seien nach sorgfältiger Prüfung keine Umstände bekannt, die die Annahme rechtfertigen könnten, dass er Jude sei. Über den Begriff des Juden sei er unterrichtet worden'. So stellte sich selbst das *Wehrbezirkkommando* schützend vor den Frontkämpfer des 1. Weltkrieges." [220] Freilich kam diese Schützenhilfe für Sylten im Zusammenhang seiner Beurlaubung zu spät, denn es war nicht zu erwarten, dass dieser LKR seine ausschließende Haltung und Maßnahme gegen Sylten revidieren würde. Trotzdem bleibt hier die Frage, warum sich der LKR noch 1937 in dieser „Abstammungsfrage" an Dritte und nicht an „die Partei" gewendet hat. Ging es nun um Pfarrer Ziegler?

7. DAS MÄDCHENHEIM *NACH* WERNER SYLTEN

7.1 Die zweite Verwandlung des Heims - ohne Jenaplan und streng nach NS-Muster

Im Verfahren gegen Sylten spielte die Kritik an Syltens Heim-*Pädagogik* nur eine untergeordnete Rolle, aber die nachfolgende Ära zeigte überdeutlich, was die ns. Nachfolger anders machen wollten. Sie hatten nicht wirklich ein pädagogisches Heim- Konzept, fast alles an der „Pädagogik" nach Syltens Abgang war nur die straffe Umsetzung ns. Befehle zur organisierten Durchdringung der Abläufe im Heim sowie die vollständige Indoktrinierung der Zöglinge mit der parteipolitischen Propaganda des NS.

Durch den erzwungenen Weggang Syltens änderten sich die politischen, pädagogischen und organisatorischen Rahmenbedingungen dieses Heims vollständig:

---

219 HAK 3, Private Handakte der Familie Phieler, Niederschrift einer Besprechung vom 1. Oktober 1935 von Pf. Phieler mit Pf. Fritz in Berlin-Spandau; vgl. auch Heinrich Bauers Gesamteinschätzung, s.o.!

220 HAK 4, Hartmut Grüber (1992) S.7 f.

Der neue Vorstand beschloss bereits im September 1936, dass in Zukunft alle Erzieherinnen

> den Nachweis der arischen Abstammung,
> ein politisches Führungszeugnis der zuständigen NSDAP-Kreisleitung,
> den Nachweis über die Mitgliedschaft in einer politischen Formation der NSDAP und
> einen Strafregisterauszug vor Beginn der Anstellung zu erbringen hätten.[221]

Laut Jahresbericht 1937/1938 des zweiten Sylten-Nachfolgers Pf. Leuchtenberger wurden nun *sämtliche Angestellte* des Heimes „gemäß den Anweisungen der ‚Deutschen Arbeitsfront' *auf den Führer verpflichtet.*"[222] Zugleich sollte den Erzieherinnen und sonstigen Angestellten auch jegliche *kirchenpolitische Betätigung untersagt* werden. [223]
Die *religiöse* Erziehung erfolgte nun auf freiwilliger Basis, dafür erteilte die „Hausmutter", zugleich Ortsgruppenleiterin der NS-Frauenschaft, wöchentlich eine Stunde *politischen* Unterricht, um die Mädchen für die spätere Aufnahme in NS-Organisationen vorzubereiten.[224] Hier deutet sich schon die Verschiebung an, die zur späteren Zwangsübernahme des einst kirchlichen Heims in rein staatliche Hände führte.[225] Nun wurde auch eine Pädagogik nach dem Geschmack der Nazis gepflegt: Im Winter 1937/38 führte Pf. Leuchtenberger „Kameradschaftsabende" zu allgemein-politischen Fragen durch "in Anlehnung an das Buch ‚Nationalpolitische Erziehung'" des führenden NS-Pädagogen Krieck.[226]

---

[221] HAK1, Jb11, S.2

[222] HAK 1, Jb 13, S.3

[223] HAK 1, Jb 11, S.4, Hervorhebung H.D.

[224] HAK 1, Jb 13, S.3

[225] Mit der Abschaffung der seit 24.2.26 geltenden Satzung des Thür. Mädchenheims wurde im März 1941 eine neue Satzung beschlossen. Diese legte als Zweck der Stiftung fest, die gefährdeten Mädchen „auf der Grundlage der ns. Weltanschauung zu ordentlichen Mitgliedern der deutschen Volksgemeinschaft zu erziehen, soweit das bei ihrer erblichen Beschaffenheit überhaupt möglich ist". Ein Brief des Ministeriums vom 12.März 1941 an das Fürstenhaus sagt klar, worum es geht: Die alte Satzung (von 1925/26) „*widerspricht* der aus dem ns. Umbruch geborenen Auffassung, dass Fürsorgezöglinge *nicht im Geiste der Inneren Mission, sondern* „im Geiste der nationalsozialistischen Weltanschauung erzogen werden müssen." (HAK 2, Satzung für das Thür. Mädchenheim in Bad Köstritz vom 12.3.1941, Hervorhebungen H.D.)

[226] HAK 1, Jb 13, S.4; kritisch zu Krieck s. Vreugdenhil (1992), deel 1, p. 169-171.279-282; deel 2,136 u.ö.

Die Heimleiterstelle erhielt mit dem Amtsantritt von Pf. Leuchtenberger eine erhebliche materielle Aufwertung von 426 .- RM auf 800.- RM pro Jahr, dies war fast eine Verdoppelung gegenüber dem Pfarrgehalt Syltens! Der Unterschied wurde damit begründet, Sylten sei zwar auch als 2. Pfarrer in Bad Köstritz angestellt gewesen, sei aber ausschließlich für das Heim tätig gewesen.[227] Diese Begründung traf aber in keiner Weise zu, wie die Jahresberichte, Protokolle und „Grüße“ zeigen! Das mussten die am 28. Sept. 1936 im „Weimarischen Hof“ zu Jena versammelten Vorstands-Herren eigentlich gewusst haben. So kam zu Syltens „Beurlaubung“ auch noch diese Demütigung hinzu!
Darüber hinaus wurden die basisdemokratisch funktionierenden kleinen *Familiengruppen abgeschafft* und damit ein wichtiges Element der reformpädagogischen Erneuerung des Heims unter Sylten. Mit der Einsetzung einer Heim-Mutter wurden der Gedanke einer zentralen Figur an der Spitze im Sinne der NS-Führungsideologie etabliert.
Ab Januar 1937 wurden erbbiologische Personalkarten angelegt und monatlich dem Rasseamt zur Kontrolle zugestellt. Die nach Sylten wieder einsetzenden Fluchtversuche der Mädchen sollten nun durch einen „Betriebsappell mit Namensruf“ unterbunden werden. Als besonderes Ziel der Heimerziehung galt es jetzt, die Mädchen auf die spätere Aufnahme in NS-Organisationen vorzubereiten.[228]

7.2 Rückblick ohne Reue - ein Wort des einst führenden „Deutschen Christen“ Walter Grundmann zu Sylten

Grundmann (1906-1976) war seit 1930 NSDAP-Mitglied, seit 1933 führender Kopf der Deutschen Christen, seit 1934 auch förderndes Mitglied der SS, seit 1936 Dozent für Neues Testament und Völkische Theologie, seit 1938/1939 Professor für Neues Testament in Jena, dazu seit 1939 Direktor des von elf evangelischen Landeskirchen getragenen „Instituts zur Erforschung (und Beseitigung) des Jüdischen Einflusses auf das Deutsche Kirchliche Leben“ (des sog. „*Entjudungsinstituts*“) auf der Wartburg, das in enger Abstimmung mit zentralen Ministerien des Reiches zusammenarbeitete, auch mit der Reichsleitung der NSDAP. In einer Werbebroschüre seines Eisenacher Instituts hieß es, dass der „jüdische Einfluss...auch auf dem religiös-kirchlichen (Gebiet) entlarvt und gebrochen werden muss.“

---

[227] HAK 1, 1, Jb 11, S.3 und 4

[228] Jahresbericht 1936/1937 (bis März 1937), Krautwurst (1996), S.48 f.; Jahresbericht (13) 1937/38, ADE, CA/Stat.Slg.1725

Im umfangreichen *Nachlass von Walter Grundmann* in Eisenach findet sich auch ein (undatierter, aber wohl kurz nach 1945 entstandener) Aufsatz über „Das Thüringer Mädchenheim in Bad Köstritz". Im Zuge der „Selbstreinigung" (Böhm) der Thüringer evangelischen Kirche nach dem Krieg wurden einige der einstigen NS-Größen - jedenfalls für eine „Karenzzeit" - aus ihren führenden Positionen entlassen. So arbeitete Grundmann zunächst als Hilfsarbeiter im Hilfswerk der Thüringer Kirche. In dieser Funktion gehörte offenbar das Köstritzer Heim (neben anderen kirchlichen Heimen in Thüringen) zum Aufsichtsbereich des einst hochrangigen DC-Kirchenpolitikers.[229] Später hatte er über Jahrzehnte hin die Katecheten-Ausbildung der Thüringer Landeskirche in der Hand.

Was dieser umtriebige Parteigänger des NS in Thüringen nach dem Ende des „Dritten Reiches" zum Fall Sylten noch sagen wollte (aber doch unveröffentlicht ließ!) ist für uns Heutige ein vielsagendes Dokument verhärteter *Abwehr gegen mögliche Schuldzuweisungen:*

Grundmann nennt in seinem 5-seitigen Aufsatz einige wenige Charakteristika des Mädchenheims, kommt aber ausführlicher auf die „Krise" des Heims 1935/36 zu sprechen. Dafür macht Grundmann nun den Aufsatz von Steege über das „Alte und das Neue Testament" sowie die „politisch-weltanschaulichen Folgerungen des ‚Völkischen Beobachters' und in deutsch-gläubigen Organen" verantwortlich. Von den „Deutschen Christen", von seiner eigenen zentralen Rolle als treibende Kraft dieser Bewegung und des Eisenacher „Entjudungsinstituts" ist keine Rede. Der Hinweis auf den Betheler Verfasser Steege lenkt die „Schuld" für die Störung des Heimfriedens und Krise auf jenen theologischen Vertreter der Einheit des Alten und Neuen Testaments und seinen Verteidiger Werner Sylten. Auch ein Verweis auf eine Drohung der Gestapo schiebt die Verantwortung für das deutsch-christliche und nationalkirchliche Handeln einseitig auf die staatliche Seite. Der Auszug der 15 (bei Grundmann sind es 8) von 18 Mitarbeiterinnen wird von Grundmann als Ursache einer „empfindlich gestörten Erziehungsarbeit" im Heim gesehen.[230] Die vorangegangene jahrelange erfolgreiche Erneuerungs- und Aufbauarbeit Syltens und seiner Mitarbeiterinnen, die erst richtig durch den gezielten Hetzartikel des „Völkischen Beobachters" gegen

---

[229] Vgl. Böhm (2008) 215

[230] Diese Sicht nach dem Fall des „Dritten Reiches" folgt genau der Sicht des ersten Jahresberichts *nach* Syltens Abgang (der Funktion nach eigentlich das *Protokoll* der Vorstandssitzung vom 28.9.1937), in welchem von der durch Sylten und sein „Gefolge" „geschaffenen Unruhe" und „gestörten Ordnung" die Rede ist. (Vgl. HAK 1, Jb 11, S.1)

Sylten und die daran anknüpfenden Aktionen und Reaktionen der DC-Kirchenleitung „gestört" und abgebrochen worden war, sind Grundmann keiner Erwähnung wert. Auch erwähnt Grundmann mit keinem Wort die Aufdeckung der jüdischen Abstammung Syltens und die Judenfeindschaft als Hintergründe des Geschehens. Er behauptet nur einen nach dessen Entlassung „ruhigen und zielbewussten" „Wiederaufbau" des Heims, bringt aber die Beseitigung der meisten unter *Sylten* erzielten Verbesserungen im Heim sowie die rassepolitischen Änderungen und Verschärfungen in der Zeit nach Sylten mit keinem Wort zur Sprache. Grundmann erwähnt immerhin noch, dass das Mädchenheim zu allerletzt (1944) von der Wehrmacht als Reservelazarett beschlagnahmt wurde und dass einige der noch vorhandenen Zöglinge einer „Uniformfabrik als Arbeitskräfte überlassen" wurden.[231]

8. „Reformpädagogik" als Stein des Anstoßes?

In verschiedenen Beiträgen zu Werner Sylten ist zu lesen, dass für die Verfolgung Syltens auch die von ihm vertretene *„Reformpädagogik" verantwortlich* sei.[232] So lautet die Frage an uns: War und ist die Reformpädagogik, speziell der Jenaplan ein Ärgernis und „Stein des Anstoßes" für diktatorische Regime?

Sylten war ein *Verfechter der sozialen Verantwortung der Kirche,* die in seinen Augen auch eine öffentliche Kritik am Regierungshandeln oder am Handeln des Bischofs erlaubte, ja zuweilen notwendig machte. An dieser Stelle verlässt Sylten also die in der Thüringer Kirche von damals weiter geltende *Zwei-Regimenter-Lehre Luthers*, wonach der Staat seine eigene (politische) „Gewalt" hat, in die sich die Kirche mit ihrer geistlichen Verantwortung *nicht* einzumischen hätte.[233] In letzter Konsequenz vertritt *Sylten hier im Ansatz ein modernes demokratisch-pluralistisches Modell der Transparenz,* in der alle Funktionsteile in Gesellschaft und Kirche auch auf die je anderen Teile in öffentlicher Auseinandersetzung einwirken können.

Kogge weist zu Recht darauf hin, dass *Eichmanns* brieflich geäußerte Aussage, Sylten habe für die „Interessen der Juden" gearbeitet, zeige „wie problematisch solch christliches Wirken für die Naziführung war, denn die Verfolgung aller Minderheiten lebte ja im Kern von der Ausschaltung der Verantwortung für den Nächsten und der Zerstörung aller Netzwerke, die der

---

231 Nachlass Grundmann, LKA, Archivalien-Signatur 35, Aufsatz 6, Bl.3-5

232 U.a. Ludwig (2009) 132 und Ludwig (2017), Kogge (2008) 29f u.a.

233 Vgl. Kogge (2008) 13 und 13/54.

Vereinzelung der Opfer entgegenwirkten."[234] Mit seiner *Verbindung von christlicher Ethik und und einer wohldurchdachten, emanzipierenden Gruppenpädagogik* im Heim mit vielen Jenaplan-Entsprechungen bediente sich Sylten einer *Synthese*, wie wir sie von Petersen, mehr noch vom niederländischen Jenaplan mit seiner Pflege des Wortes, vielfältigen Gesprächsformen, „Mitsprache-Kultur", seiner Betonung kritischen Bewusstseins und solidarischen Denkens, seiner „Mitverantwortung aller für alles", mit seiner Ethik der „Fürsorge", kennen.[235] Syltens alltägliches Eintreten für das Mündigwerden und die Mündigkeit der „Mädchen" sowie für Begegnungen und Zusammenleben von ErzieherInnen und Zöglingen „auf Augenhöhe", *das bloße Anderssein* inmitten einem mehr und mehr von der NS-Propaganda durchdrungenen Staat war natürlich eine für NS-Politik schwer zu tolerierende Abweichung von ihrem autoritären Gesellschafts- und Erziehungsmodell.[236]

Peter *Petersen hat für den Schulspruch* seiner Universitätsübungsschule in Jena (1924-1950) den Vers im Lukasevangelium *Lk 22,26* gewählt: „Der Größte unter euch soll sein wie der Jüngste und der Vornehmste wie ein Diener." Dieser bei Petersen hervorgehobene Vers blendet zwar die auf die politischen Verhältnisse hinweisenden Aussagen über die allseits dominierende Gewaltherrschaft der Mächtigen im unmittelbaren Kontext von v.26 (nämlich Lk 22,25!) aus und konzentriert sich auf das Zusammenleben der - nach dem Kirchengemeindemodell - kommunitär gedachten *Schul*gemeinde. [237]

---

[234] Vgl.Kogge (2008) S.41

[235] Vgl. Both (2015), 79 ff, 83 ff, 138 ff ; Draeger (2018) 53 f.55 f

[236] Der „andere Geist" des Jenaplan-Schulmodells und seine humane Praxis - in scharfem Kontrast zur NS-Pädagogik - ist auch der tiefere Grund für das Verbot der weiteren Ausbreitung der Jenaplanschulen und der empfindlichen Einschränkung der beruflichen Möglichkeiten Petersens als Ausbilder von Studierenden des Lehramts sowie dem Ausschluss von den Lehrveranstaltungen des neu errichteten Pädagogischen Instituts in Jena in den Jahren 1936-38 (Vgl.Retter (2007) 417 u.ö.

[237] Die von Petersen in seinem Aufsatz über „Jugendfürsorge als Erziehungsarbeit" fast beiläufig erwähnten *„menschenwürdigen Bedingungen*", die es der *Kraft des Guten* im Menschen (mit) ermöglichen, ein „wohlgefälliges, sittlich wertvolles Bild menschlichen Lebens darzustellen" (Petersen, 1925, 281; Hervorhebung H.D.) ist m.E. ein klarer Ansatzpunkt für eine soziale und politische Ausweitung seines pädagogischen Denkens - über die Schulgemeinde hinaus - , wie wir es dann prägnant in den heutigen Basisprinzipien des Jenaplans (Bpp 6-10 und 11) und ihrer Entfaltung vorfinden. (Both (2015), 238 f.; 79 ff. 83 ff. u.ö.)

Was Peter Petersen und Werner Sylten verbindet, ist der besonders achtsame und liebevolle Umgang mit ihren Schülern und Zöglingen bei gleichzeitiger gründlicher Beobachtung und Beachtung wesentlicher Strukturmerkmale, die gutes Leben und Lernen in der Schule bzw. im Heim möglich machen.

8.1 Eine Heimpädagogik nach dem Jenaplan?

Nach Krautwurst gibt es viele Parallelen in der Arbeit von Wichern und Sylten, einprägsam vor allem das geduldige und planvolle Handeln im Sinne der christlichen Nächstenliebe. Beide Pädagogen hätten auch großen Wert auf das „freie und offene Leben in Familien" gelegt, auf die Ausbildung und ständige Weiterbildung der Erzieher. Wie Johann Hinrich Wichern betonte auch Sylten in seinen Veröffentlichungen immer wieder die soziale Verantwortung der Kirche. Syltens Sozialkritik war aber stärker politisch motiviert und mit der Kritik der Weimarer Linken verbunden, wenn auch ohne parteipolitische Festlegung.

Anders als Wichern hatte Sylten in seinen rund 11 Jahren der Erneuerungsarbeit, in den wirtschaftlichen Nöten dieser Zeit und den aufreibenden Auseinandersetzungen mit mächtigen Parteigängern des NS in der Kirche *nicht die Muße, ein größere zusammenfassende, systematisch durchdachte Darstellung seiner Heimpädagogik* zu liefern. Der größte Teil seiner zahlreichen und substanzvollen Briefe, seiner Predigten ist verloren gegangen. Auch bei den beiden Gestapo-Durchsuchungen seines Gothaer Büros und seiner Privatwohnung in Berlin-Köpenick [238] sind unersetzliche Dokumente, die für unsere Fragestellung hätten aufschlussreich sein können, beschlagnahmt worden.

Aber *die erhaltenen Veröffentlichungen* zeugen von der Klarheit, Kreativität und - im kommunikativen Verbund mit seinen MitarbeiterInnen - sorgfältigen, „strategisch" sicheren Verwirklichung seiner Ideen. Natürlich ging Sylten - sehr wahrscheinlich schon im Frauenheim Himmelsthür - von Wicherns Ideen aus, angereichert durch Impulse seines Zusatzstudiums der Sozialarbeit und seines „Jugendvikariats". Seine radikale Erkenntnis aber, dass die Kirche *bisher „trotz Wichern, Stöcker und Naumann"* in der sozialen Frage versagt habe [239], erwies sich als starker Motor für den erfolgreichen Neuaufbau seines Köstritzer Heims. Wichtig waren auch seine große Belesenheit, seine Aufgeschlossenheit im produktiven Gespräch mit seinen

---

238 Vergl. Köhler (1980), S.48.56-58

239 Vergl. Köhler (1980), S.16

Mitarbeiterinnen und Hospitantinnen sowie seine organisatorischen Talente.

Petersens pädagogisches Modell war bereits seit 1925 durch den gemeinsamen Band mit seinem Mitarbeiter Wolff über das erste Jahr der Universitätsschule in seinen Grundzügen der Öffentlichkeit zugänglich gemacht. [240] Freilich wurde das Schulmodell erst seit der internationalen Tagung des Weltbundes für Erziehung in Locarno 1927 unter dem Namen „Jenaplan“ bekannt, war also in den ersten Jahren der Köstritzer Heimerneuerung noch kein fester Begriff. Auch Petersen bezeichnet seinen Lübecker Vortrag über „Jugendfürsorge als Erziehungsarbeit“ im Untertitel zurückhaltend als „Ein(-en) *Versuch* vom Standpunkte der ‚Neuen Erziehung‘“.[241] So kann es nicht verwundern, dass Sylten den Jenaplan als solchen nicht nennt. Es war damals - auch in den Richtungskämpfen des EREV - üblich, die neuen pädagogischen Ansätze und Strukturen - immer in Absetzung von der traditionell patriarchalische Anstaltserziehung, die den Menschen nur zu Fleiß und zum Untertanengeist erziehen wollte, wie es Flitner 1928 sah - als die „fortschrittliche“ *neue Erziehung* mit dem *Ethos der Mündigkeit und Freiheit* darzustellen.[242]

In diesem allgemeineren Sinne ist es richtig, das *Thüringer Mädchenheim in Köstritz* unter Werner Sylten mit seinen deutschlandweiten Verbindungen, Lektüren, seiner Erziehungsphilosophie und seinen *wohldurchdachten Strukturen, der erfolgreichen pädagogischen Praxis*, seinen humanen Umgangsformen, seiner „didaktischen“ Öffnung hin zu Natur, Kultur und praktischer Religion, mit seinen Begegnungen *aller* Heimmitglieder „auf Augenhöhe“, seiner Bereitschaft zum Diskurs, zu Korrektur, Verbesserung und Weiterentwicklung sowie seiner nachhaltigen Kooperation und Kontaktpflege mit Hospitantinnen von Hochschulen und Fachhochschulen, mit anderen Heimleitern, mit den Elternhäusern bzw. Gastfamilien, seiner intensiven Öffentlichkeitsarbeit, dem Habitus der Verantwortlichkeit nach innen und nach außen *als jenaplan-inspiriert und jenaplan-nah* zu bezeichnen.

---

[240] Siehe Petersen, Peter / Wolff, Hans (1925)!

[241] Petersen (1925), S.265, Hervorhebung H.D.

[242] Auf dieser Linie befindet sich auch Petersens flammende Verteidigung des „Rechtes der Jugend auf Eigenleben“ und seine Rollenzuweisung an den „Erzieher (=Befreier) seiner Schüler“ der seine SchülerInnen als „Schöpfer neuer Erfindungen und Bindungen“ anspricht und damit auch ganz neue didaktische Freiheiten erlaubt (Vergl. Petersen (1937), S.84 und S.94.

Die oben (Kap.5) im Detail ausgeführten Züge seiner Pädagogik und Fortbildungsarbeit im Heim, seine vorbildliche Haltung als Mensch und Kollege machen Werner Sylten zu einem bedeutenden, auch heute noch inspirierenden Anwender jenaplan-orientierten Denkens auf dem Feld der Heimerziehung.

Damit richtet sich unser Focus heute nicht nur auf ein Opfer, auf den „Märtyrer" Werner Sylten, sondern zuallererst auf den proaktiven Verteidiger der Menschenrechte, der Rechte der jüdischen Mitbürger auf ihr Leben, sowie den aktiven Gestalter einer humanen Einrichtung für junge Frauen und damit auch auf den Wegbereiter ihrer Chancen auf ein gelingendes Leben.

Dass es *bei Petersen neben dem Schulmodell Jenaplan* auch noch andere praktische Ausformungen seiner Erziehungsphilosophie gab und geben konnte, zeigte sich auch darin, dass sich Petersen mit der Etablierung des *Jenaer Universitätskindergartens* und seiner Gedanken zur Berufsschulpädagogik neue pädagogische Arbeitsfelder erschlossen und er sich damit weitere Plattformen seiner praktischen Pädagogik schuf. Damit wurde für ihn der Jenaplan auf die Kleinkindpädagogik und das Berufsschulwesen ausgeweitet. [243]

So dürfte es auch durchaus passend sein, *Syltens* Bemühungen um eine neuartige *Heimpädagogik als eine Form des Jenaplans* zu bezeichnen: Sie enthält ja eine an Petersen orientierte erziehungsphilosophische Grundlage mit dem immer neu anzuvisierenden Ziel eines humanen Zusammenlebens, dazu klare strukturelle, räumliche und zeitliche, didaktische und methodische Vorgaben, die es erleichtern und bewirken, Mitmenschlichkeit - im Sinne des Jenaplans - beim Lernen in einem Heim zu leben.

9. Syltens Leidensweg über Gotha und Berlin nach Dachau und Hartheim

Nach dem Abschied von Bad Köstritz konnte Sylten noch im „Büro Bauer" der ns-kritischen „Lutherischen Bekenntnisgemeinschaft" (LBG) in Gotha weiterarbeiten, wo er als Geschäftsführer auch mit dem jungen Helmut

---

[243] Retter (2007) S.385 ff., bes. S.388-390. Diese Ausweitung mit all ihren Facetten war - in Anbetracht der Unterdrückung seiner Lehr- und Prüfungstätigkeit als *Schulpädagoge* - ein sehr erfolgreicher Versuch, seine Pädagogik auch auf einem anderen Feld zu entwickeln.- Vgl. auch schon Petersen P. / Zimmermann W. (1925), Die Aufgaben des *Berufsschulwesens* und die Berufsschulgemeinde im Lichte der Jugendkunde und sozialer Politik. Weimar

Gollwitzer kooperierte. Letzterer fungierte dort auch als Schlossprediger des regimekritischen Prinzen Heinrich IXXXX. Reuß, jüngere Linie. Der Prinz war auch Mitglied im Landesbruderrat der LBG. Gollwitzer kannte Sylten schon seit 1934, dessen Gottesdienste in Köstritz er regelmäßig zusammen mit dem Prinzen besucht hatte.[244]
Als Geschäftsführer der LBG konnte Sylten einmal mehr seine großen

organisatorischen Fähigkeiten an den Tag legen und das Büro mit seinen 7 MitarbeiterInnen zügig in einen wohlgeordneten Zustand überführen, was auch einer verlässlichen Kommunikation gut tat.[245] Hierzu schriebt die immer bestens informierte und meinungsfreudige Marie Begas in ihr Tagebuch vom 5.6.1936 : „Das Büro wird jetzt von Pf. Sylten geleitet, der abgesetzt ist, weil er leider nicht ganz arisch ist (Phieler soll in dieser Sache, wie ja von ihm nicht anders zu erwarten war, eine üble Rolle gespielt haben)....Ein Glück, dass Sylten jetzt hier ist“[246] In Gotha unterstützte Sylten in erster Linie die in Thüringen verfolgten Bekenntnispfarrer.[247]

---

[244] Krautwurst (1996), S. 61-63

[245] Vergl. Kogge (2008), 32 f.

[246] Begas (2016) 467

[247] Ludwig (2009) 132

Er konnte auch schon eine Arbeit für nichtarische Christen anfangen und in Thüringen - wie Grüber im Reich - ein Netzwerk von Vertrauenspersonen aufbauen.[248] Unter antisemitischen Vorurteilen (oder auch der Ängstlichkeit mancher Freunde) hatte er aber auch in der LBG zu leiden. Er wurde dort jedenfalls in den zwei Jahren - anders als später im Kontext der Berliner Bekennenden Kirche - nie gebeten, Gottesdienste zu übernehmen.[249] Wiederholt durfte Sylten als Geschäftsführer Dokumente nicht unterzeichnen, da die LBG-Führung befürchtete, dass diese „von einem Nichtarier bestätigten" Papiere von der anderen Seite im Kirchenstreit in seiner Gültigkeit in Zweifel gezogen werden könnten. Begas spürte die Schwere dieser Entscheidung Ottos und der Abordnung eines anderen, um Syltens Unterschrift zu vermeiden und schreibt: „Das ist nun der Bruch. Alles sieht dunkel aus." [250]

Nach der Verabschiedung der Nürnberger Rassegesetze wurde festgeschrieben, dass *„Halbjuden" nur noch mit besonderer Ausnahmegenehmigung „Deutschblütige" ehelichen* durften. Werner Sylten wollte seine Lebensgefährtin und langjährige Köstritzer Mitarbeiterin *Brunhilde Lehder* heiraten, auch um seinen Kindern das Leben in einer stabilen Familienbeziehung zu ermöglichen. Die Genehmigung wurde aber vom Reichsstatthalter in Thüringen, Fritz Sauckel, - wie in den meisten anderen ähnlich gelagerten „Fällen" - *nicht erteilt.* Nach dem Krieg wurde dann der Ehewunsch posthum sanktioniert. [251]

Dem ältesten Sohn Syltens, Reinhard Sylten, ging es auf der Schule, wie vielen „judenstämmigen" Kindern: Er ging zwei Jahre in das Landschulheim eines guten Freundes seines Vaters in Ratzeburg bei Lübeck. Dort fiel er aber wegen seiner Nichtzugehörigkeit zur Hitlerjugend als „Vierteljude" auf und musste das Heim im Interesse von dessen Fortbestand verlassen.[252] Das Gleiche wiederholte sich im Landschulheim Wutha bei Eisenach. Nach diesen Erfahrungen strengte Werner Sylten einen Prozess an, um die rechtmäßige Zulassung seiner Kinder zu öffentlichen Schulen zu erzwingen und gewann diesen sogar noch 1939 mithilfe des jüdischen Rechtsanwaltes

---

[248] Kogge (2008), 35-37

[249] Kogge (2008), 34

[250] Tagebucheintrag Begas vom 26.Nov. 1936 Vgl. Einleitung zu Begas (2016) 63; Begas (2016) 561

[251] Vgl. Ludwig (2009) S.132 f.

[252] Köhler (1980), S.41

Cohn.[253] Sylten setzte sich damit - unter den widrigen politischen Umständen des NS-Regimes - kämpferisch für das Grundrecht jedes Kindes auf Ausbildung und eine humane Schule ein, wie wir es auch von der Universitätsschule Peter Petersens kennen[254] sowie von der expliziten Anerkennung, Übernahme und vielseitigen Anwendung der universellen Kinderrechte im „Programm" der heutigen Jenaplan-Schulen.[255]

9.1 Einsatz „für die Interessen der Juden"

Im März 1938 wurde das Büro in Gotha durch die Gestapo geschlossen, während Werner Sylten gerade im Reisedienst der LBG unterwegs war. Sylten wurde, wie - vorher Gollwitzer - aus Thüringen verwiesen.[256] Im Herbst 1938 folgte Sylten, der von Gotha aus monatelang auf Arbeitssuche gewesen war, dem Ruf Heinrich Grübers nach Berlin. Grüber war selbst bereits 1933 als Leiter des Jugendheims Walddorf in Templin (Uckermarck) entlassen worden.[257]

Er hatte in Berlin in der Oranienburger Str. 20 sein

[253] Vgl. Köhler (2017), S.56; Schreiben von RA Cohn an Werner Sylten, LKA Eisenach, Archivalien-Sign. 4

[254] Vgl. die umfassenden Darstellungen von Fauser (2012) S.161-226 und Retter (2010)!

[255] Siehe dazu die 20 Basisprinzipien des Jenaplans, in: Both (2015), S.238 f., und speziell zu den Kinderrechten im Jenaplan: Draeger (2007), S. 11-17 und Draeger (2013) S.4-26

[256] Köhler (2017), S.54.56

[257] Köhler (1978), S.22 f.

„Büro Pfarrer Grüber“ aufgebaut, dann ab 1939 „An der Stechbahn“ beim alten Stadtschloss fortgesetzt, um den rasseverfolgten Christen die Auswanderung aus dem ns. Deutschland zu ermöglichen. So verdankten schließlich rund zweitausend Menschen jüdischer Abstammung ihre Rettung aus Deutschland direkt diesem Flüchtlingshilfswerk der Bekennenden Kirche. Sylten war Berater und Überbringer wichtiger Botschaften Grübers, zugleich Seelsorger der vielen Ratsuchenden, ab November 1939 selbständiger Büroleiter und ständiger Stellvertreter Grübers. Darüber hinaus wurde Sylten mit der Leitung der Abteilung Altersheime betraut[258], zumal da er ja besondere Erfahrung mit dem Aufbau und der Leitung von Heimen mitbrachte. Zur Ausführung dieses Auftrags konnte es dann aber nicht mehr kommen.

Die Aufgabe der Kinderverschickung in das „sichere“ Großbritannien versah eine andere Mitarbeiterin Grübers und Syltens, Margarete Draeger. Sie war auch Lehrerin und Leiterin der *„Familienschule“* für die judenchristlichen Kinder in der Oranienburger Str. 20. Im Oktober 1941 untersagte Eichmann beim Gespräch im Reichssicherheitshauptamt mit Kirchenvertretern die Fortführung dieser Schule, - sie durfte nur noch bis zum endgültigen Aus für das *gesamte* jüdische (und judenchristliche) Schulwesen Juni 1942 unter dem Dach der „I. Privaten Volksschule der Jüdischen Kultusvereinigung“ in der Kaiserstr. 29/30 in Berlin Mitte weiter bestehen. Am Ende wurden aber trotz aller Bemühungen um Rettung mehr als zwölf Schülerinnen und Schüler deportiert und ermordet. Zu den Opfern der Deportationen gehörten auch 3 von 5 Lehrerinnen des kleinen Kollegiums der „Familienschule“: Frieda Fürstenheim, Margarete Draeger und Lilly Wolff. Die vierte Lehrerin, Dr. Lisa Eppenstein, konnte zunächst zu ihren Geschwistern nach Jena ausweichen, wurde später aber auch von dort aus ins Ghetto Belzyce bei Lublin deportiert und ermordet.[259] Das „Büro Grüber“ setzte sich u.a. für die Rettung zahlreicher „nichtarischer“ Christinnen ein, die als *„Hausangestellte“ nach England* vermittelt wurden. Für sie erteilte das britische Innenministerium die Aufenthaltsgenehmigung aber nur, wenn sie einen „Eignungsnachweis“ vorlegten. Das vom „Büro“ ausgestellte „Zeugnis“ ähnelte den unter Werner

---

[258] Röhm/Thierfelder (1995), 323; Ludwig (2009), S.43. 71

[259] Näheres zur „Familienschule“: Ludwig (2009), S.48-50. 62-67 mit Biogrammen vieler Mitarbeiter und der Lehrerinnen an der „Familienschule“ Grübers und Syltens ebd. S. 87ff.93. Zum dramatischen Einsatz Gertrud Schäfers für Lisa Eppenstein siehe Kluge (1992), S.185. Zur „Familienschule“ siehe auch Draeger (2005)!

Syltens Regie erarbeiteten Zeugnissen zur Vermittlung der jungen Frauen aus dem Köstritzer Heim in gute Familien. [260]

Nach der Verhaftung Grübers sollte Sylten dessen Nachfolger werden. In einem Brief vom 1. Februar 1941 an den Polizeirat Kant von der Gestapo-Leitstelle brachte er noch die Hoffnung zum Ausdruck, die Betreuung der evangelischen „Nichtarier“ in einem Hilfswerk fortsetzen zu können. Aber diese Hoffnung trog: Bereits am 27. Februar 1941 wurde auch er - für ihn völlig überraschend - *verhaftet und dann Ende Mai ins KZ Dachau* überführt.[261] Das Büro Adolf Eichmanns sah sich sogar genötigt, für die „Schutzhaft“ (im NS: Inhaftierung durch die Polizei, ohne richterliche Haftprüfung) Syltens und seine Überführung nach Dachau gegenüber dem Reichskirchenministerium eine Begründung zu liefern: Werner Sylten habe sich *für die „Interessen der Juden“ eingesetzt.* [262] Damit war in erster Linie Syltens Engagement im Zusammenhang des „Büros Grüber" gemeint. Als „Haftgrund“ wurde - nachträglich nach pauschalem Vordruck - angegeben: „Verdacht der Mittäterschaft oder Mitwisserschaft eines anonymen Flugblatts über das angebliche Elend der christlichen Juden in Österreich“. [263]

Werner Sylten verzichtete trotz gebotener Möglichkeiten *auf eine „rechtzeitige“ Emigration* nach England. Nach qualvollen Monaten in Dachau 1941/42 unter erbarmungslosen Arbeitsbedingungen musste sich Sylten schließlich krank melden. In einem „Invalidentransport“ wurde Werner Sylten dann am 12. August 1942 *in die Vernichtungsstätte Schloss Hartheim bei Linz verbracht und mit Gas ermordet.*[264]

10. **VERANTWORTUNG und SCHULD.** Politisch-theologische Nachbetrachtung

Wie konnte es zu dieser tödlichen Entwicklung kommen, die mit Syltens „Beurlaubung“ in Köstritz, dann mit der Zerstörung seiner Wirkungsmöglichkeit in Gotha, schließlich mit dem abrupten Aus des „Büros Grüber“

---

260 Vgl. Ludwig (2009), S.53 und s.o. zur „Leistungskultur“ im Köstritzer Heim.

261 Ludwig (2009), S. 82

262 Ludwig (2009), S.134 - nach Bundesarchiv Berlin, R 5101/23992.

263 HAK 4, Pf. Heinrich Bauer (Dachau), Werner Sylten - zum 50. Jahrestag der Befreiung Dachaus vom 29.4.45

264 Ludwig,(2014) S.341

und der „Schutzhaft“ in Berlin und seiner Verbringung nach Dachau und Hartheim endete?
In einem *fiktiven Dossier* der NS-Gewaltigen in Staat und Kirche über Sylten müsste stichwortartig gestanden haben:
Sylten: Sympathisant der von uns verbotenen Religiösen Sozialisten,
Anhänger und Propagandist des verruchten Marxismus,
Untergrabung der Autorität unseres Reichsbischofs Müller,
aufsässig gegen unseren Pg, SA-Mann und Landesbischof Sasse, gerade im Kampf um das verjudete Alte Testament,
Verschweigen seiner eigenen nicht-arischen Blutslinie,
Heimleitung im Sinne des überwundenen Liberalismus und naiven Humanismus vergangener Epoche,
Ablehnung der ns. Weltanschauung von unserer überlegenen Rasse,
Kritik an der radikalen Umsetzung unserer Politik der Aufvolkung,
Vergehen gegen die Ausführung der in Nürnberg beschlossenen Rassegesetze und Uneinsichtigkeit gegenüber unserer Politik der Rassereinhaltung,
Ablehnung unserer Politik der Eingliederung der ganzen Jugend in die Reihen des NS,
hartnäckige Mitarbeit in der oppositionellen LBG und BK,
Unterstützung von politischen Feinden des NS einschl. KZ-Gefangenen,
Taubheit gegenüber allen unseren mündlichen Warnungen und Disziplinierungen.

Am Tag nach dem Erscheinen des VB-Hetzartikels und direkt nach den Gesprächen mit Kirchenrat Volk, Landesführer der Inneren Mission Phieler und Ministerialrat Döpel vom Landesministerium des Inneren gab der einzige Verbündete Syltens, Pf. Fritz zu Protokoll dass in der entstandenen Situation die im Sinne der Nationalsozialisten einzig richtige Reaktion eines Kirchenmanns „auf eine solche Beschuldigung der wichtigsten NS-Zeitung der sofortige Rückzug aus dem Amt war.“ [265] Eine solche - im Nachhinein gesehen - taktisch klügere - Einsicht hatte Sylten noch nicht, zumal es ihm ja um die Position ging, die *er* über Jahre hin mit vollem Engagement und Erfolg aufgebaut hatte und in der er die große Unterstützung der betroffenen jungen Frauen spürte. Die Einsicht von Pf.Fritz beruht sicher vor allem auf einer Gesamteinschätzung der Ende 1935 gefestigten Diktatur, die gegenüber einem so viel „schwächeren“ Gegner nie vor bloßen Argumenten zurückweichen würde. Mitgefühl war auf Seiten der Vorgesetzten nicht zu verspüren, die bemerkenswerten Solidaritätsaktionen seiner Mitarbeiterin-

---

[265] Kogge, 25/107 (nach Böhm, 103)

nen beim Abschied verpufften letztlich in einer funktionierenden Diktatur, die mächtigen Herren, die Sylten ins Aus drängten, arbeiteten auf ihrer Ebene „erfolgreich“ zusammen.
Erst 1995 - äußerte der Thüringer Landeskirchenrat *in einer Erklärung die „Mitschuld“* des einstigen Landeskirchenrats an dem Ende Syltens. Und *Bischof Christoph Kähler* fand in seinem Vortrag am 8. Mai 2004 in Neudietendorf die Haltung einer ganzen Führungsschicht der thüringischen Kirche in jenen Jahren „beschämend“, da sie sich zu „willfährigen Helfern der braunen Machthaber in der evangelischen Kirche“ gemacht hätten, und verlangte eine Erörterung dieses schuldhaften Versagens. Zugleich forderte er über die Arbeit Martin Krautwursts zu Werner Sylten hinaus, die „zentrale Frage nach der Lebensleistung dieses Pädagogen und Theologen im Kontext damaliger Sozialpädagogik“ weiter zu verfolgen.[266]
Die Fragen von „Schuld“, „Mitschuld“, „Schuld von Kollektiven“ bedürfen für eine sachgerechte und den beteiligten Menschen annähernd gerecht werdendes Urteil immer eines behutsamen Herangehens an die Sachverhalte. *Christoph Markschies* erteilt in seinem Diskussionsbeitrag zu dem von Thomas A. Seidel herausgegebenen Band „Thüringer Gratwanderungen“ *sieben Ratschläge eines Kirchenhistorikers für den Umgang mit Schuld in Kirche und Theologie.* In seinem Resümee fordert er „große Kenntnisse, auch methodischer Art“, *die Fähigkeit und das Bemühen zwischen „verantwortlicher“ und „verhängnisvoller Schuld“ zu unterscheiden*, die „spezifische Verantwortung einer jeden gesellschaftlichen Funktion, eines jeden Amtes und Berufes wahr(zu)nehmen, um dann deren Verfehlung als geschichtliche Schuld zu diagnostizieren.“ Markschies meint abschließend: Die präzise Wahrnehmung von Schuld „setzt sorgfältigste und methodisch offene historische Arbeit voraus.“ [267]

[266] Kähler (2005), S. 231. 233 f. 241

[267] Markschies (1998), S. 220. Vgl. hiermit auch *Hein Retter (2017)*, der in der Luther-Diskussion dazu aufruft, die Grundsatzdifferenz zwischen moralischem und historischem Urteil als methodische Forderung zu beachten. Im Gegensatz zum historischen Urteil lasse „das moralische Urteil keine Relativierung, Differenzierung und auch keine Gegenargumentation zu. Beide Betrachtungsweisen, die historische wie die moralische, stehen in Spannung zueinander. Sie sind, so die These, bei der Bearbeitung des anstehenden Problems notwendig, verdeutlichen aber in jeweils anderer Weise ihre Grenzen. Die Grundsatzdifferenz zwischen moralischem und historischem Urteil als methodische Forderung zu beachten, gilt beim Thema ‚Martin Luther und die Juden' ganz besonders.“ (Siehe die Einleitung Retters!) Meines Erachtens gelten diese Forderungen von Markschies und Retter grundsätzlich in *allen* historischen Forschungsfeldern immer dann, wenn sie auch mit den Fragen des moralischen Urteils in Berührung kommen.

Die Aufarbeitung des Geschehens um Sylten und die *schuldhaften Handlungen, welche einzelne Funktionsträger und bestimmte Herrschaftszirkel ihm gegenüber begangen haben*, begann bereits in DDR-Zeiten mit der tiefschürfenden Arbeit des Religionspädagogen und Kirchenhistorikers Bruno Köhler (1978, Nachdruck 2017) und findet nun vermehrt seine Fortsetzung in den wissenschaftlichen Arbeiten von Röhm, Thierfelder, Krautwurst, Böhm, Kogge, Ludwig, u.a.(s.a. die Literaturliste!). „Verhängnisvolle Schuld" im Sinne von Markschies entstand durch die historische Gesamtsituation der End-20-er und Anfang-30-er Jahre des vergangenen Jahrhunderts, durch die verbreitete Obrigkeitshörigkeit und den Untertanengeist (die ihre Wurzeln auch in der lutherschen Auslegung bestimmter biblischer Kernsätze hat), damit verbunden ein verbreitetes Denunziantentum (hier ist der *persönliche* Anteil der Entscheidung und der Schuld höher),ferner das Fehlen einer gelungenen Revolution in Deutschland und die Ermangelung einer breiten politischen Bildung. Umgekehrt war die historisch in dieser Brutalität, Rigorosität und Durchschlagskraft neuartige NS-Machtübernahme und -Diktatur ein sehr bestimmender Faktor. „Verantwortliche Schuld" sehe ich da, wo politische Herrschaftsgruppen über Jahre hinweg „ihr" Herrschaftsmodell entwickeln, *ohne* im Ausgangspunkt oder im Verlauf der konkreten Geschichte die Fragen nach einem guten Zusammenleben, einer human funktionierenden Gesellschaft zu stellen, ja solche Fragen sogar gewaltsam zu unterdrücken. Die Kirchenleitung und die direkten fachlichen und dienstlich Vorgesetzten Syltens sind sicher beiden Kategorien von Schuld zuzurechnen. Dadurch dass sie unentrinnbar tief in jene „verhängnisvolle Schuld" verstrickt waren, konnten sie sich auch kaum daraus lösen. Durchaus traditions*treu*, waren sie doch nicht in der Lage den gefährlichen Traditions*bruch* der DC gegenüber dem Alten Testament und dem Anspruch der Nächstenliebe in seiner Tragweite zu verstehen. Mitverantwortlich für diese Haltung war aber auch ein alter Traditionsposten - nämlich der seit den Tagen des alternden Luther auch im Protestantismus stark einsetzende Antisemitismus. Da aber inzwischen mit dem zarten Pflänzchen der Demokratie in Deutschland eine Alternative zum alten Obrigkeitsstaat sowie mit Karl Barth und der Bekennenden Kirche ein - wenn auch zu schwacher - Gegenpol zum vorherrschenden Antisemitismus auszumachen war, sind die DC umso mehr für ihr Festhalten am obrigkeitlichen und antidemokratischen sowie antisemitischen Denken verantwortlich zu machen. Damit sind wir auch schon bei den Gedanken Retters angelangt. Die Entscheidungen der Kirchenleitung sind ja erst einmal in ihren historischen Abläufen zu erkennen, in ihrer jeweiligen Bedingtheit und damit auch in ihrer je historischen Relativität. Ein besonderer Fall und sehr

starker Faktor ist aber doch die weitgehende Verschmelzung des theologischen Denkens der Thüringer Kirchenleitung mit der NS-Weltanschauung und die unkritische„selbstverständliche“ Übernahme der politischen Handlungsmuster des NS-Staates sowie die weitgehende Akzeptanz der staatlichen Entscheidungen. Damit war die für ein eigenständiges Denken und Handeln erforderliche Distanz nicht mehr möglich.
Die Chance der Entwicklung einer humanen und befreienden Ethik aus der Bergpredigt und den prophetischen Büchern des AT und NT wurde nicht einmal erkannt. Das Ganze endete in kirchenpolitischen und bürokratischen Maßnahmen „von oben“ mit dem Ergebnis eines faktischen Berufsverbots und schließlich der Ausstoßung Syltens aus Thüringen, zuletzt die Fortsetzung des Leidensweges in Berlin, Dachau und Hartheim. Die Kirchenleitenden hatte ihre immer wieder als Kern christlichen Handelns bezeichnete „Liebe“ (unter Einschluss von Gerechtigkeit und Recht) völlig aus den Augen verloren. Die in der Minderheit befindlichen „Gerechten“ kämpften einen isolierten Kampf ohne wirksame Möglichkeiten von Selbstartikulation und politischer Entfaltung. Die Kirche verletzte ihrerseits konsequent ihre Fürsorgepflicht als Arbeitgeberin, schloss in entscheidenden Situationen andere Meinungen, potentielle UnterstützerInnen Syltens, wie Pf. Fritz [268] und die damalige Heim-Sekretärin Brunhilde Lehder von inhaltlichen Beratungen aus. Eine sorgfältige Prüfung der Sachverhalte in dem Sinne, wie sie Sylten in seinen vielen Briefen immer wieder einforderte, ein geordnetes Vorgehen, ein eventueller Meinungs- und Interessenaustausch zwischen allen Beteiligten entsprach offensichtlich nicht dem Willen und der Vorgehensweise dieser Kirchenleitung. So nahm die Kirchenleitung große Verantwortung und Schuld für eigenes Fehlverhalten auf sich, das im Kontext des NS in die totale Überwachung, schließlich in machtpolitisch „begründete“ oder auch gar nicht weiter begründete bürokratische und polizeiliche Strafmaßnahmen mündete.

Staat und Kirche im NS machten Werner Sylten zu einem Opfer ihres Systems. Aber David Kogge wies zu Recht darauf hin, dass wir auch den „Täter“, den *aktiven Kämpfer Werner Sylten für eine humane Heimpädagogik*, für eine *authentische Kirche* beachten müssen.[269] Werner Sylten hatte die Gefahren, zum bloßen Opfer zu werden, immer im Blick, und er leistete

---

[268] Vgl. Röhm/Thierfelder (1995), S.318 f.; Walter Sylten (2009), S.178 f.; Thierfelder (2006), S. 453; HAK 3, Private Handakte Familie Phieler, Brief von Pf. Fritz / EREV Berlin vom 15.4.1936 an Pf. Phieler

[269] Vgl. Kogge (2008) 3

äußeren und innern Widerstand gegen solche „Perspektiven“. Wenn Sylten aber von Kogge selbst und anderen zugleich als „Märtyrer“ gesehen wird [270] so ist diese Bezeichnung auch ein Ehrentitel dessen, der mit seinem Leben exemplarisch das Bekenntnis des christlichen Glaubens vorgelebt hat und durch seine Opferbereitschaft, sein Leiden und Sterben ein „Blutzeuge“ geworden ist, dessen die Kirche immer gedenken wird. Walter Sylten antwortete auf die Frage, inwieweit das Lebenswerk und der brutale Tod seines Vaters sein eigenes Leben bestimmt habe, dass sein Vater zum „Märtyrer der Kirche“ geworden sei, „bewege ihn sehr“. So habe er sich gleich nach 1945 politisch engagiert - bis heute. Und er sei auch regelmäßig in öffentliche Veranstaltungen, in Schulen gegangen, um die Geschichte seines Vaters weiter zu erzählen.

11. SCHLUSS

Sylten, der 1935 und 1936 im Zentrum von Thüringer und reichsweit organisierter antisemitischer Kampagnen stand, der *als „Jude“ und Staatsfeind gebrandmarkt,* verleumdet, seiner Arbeit und Wohnung beraubt, seiner Familie entrissen wurde - er stand da und steht heute in unserer Erinnerung als der *mutige* Gerechte, der seine Tätigkeit und sein Lebenswerk konsequent im Sinne des Liebesgebotes des „Alten“ und des „Neuen“ Testaments entwickelte und dafür von den Betroffenen, den oft stark familiär geschädigten „Mädchen“ seines Heims ins Herz geschlossen wurde, die ihn ganz spontan als ihren „Vater“ empfanden und dies auch zum Ausdruck bringen konnten. Sylten löste viel *positive Resonanz* bei den Menschen seiner Umgebung aus, im engsten Kreis seiner Familie, die ihm bis heute auf vielfältige Weise ein liebendes und ehrendes Gedenken bewahrt, beim Kreis seiner Mitarbeiterinnen in Himmelsthür, Bad Köstritz, Gotha und Berlin, die ihn auch in Augenblicken großer Sorge und Anfechtung sahen und verstanden, gleichzeitig so viel Trost und Liebe von ihm dankbar empfingen; bei Heinrich Grüber, der ihn als wertvollen Mitarbeiter und dann in der Stunde des schweren Abschieds in Dachau erlebte und ihm wiederholt (ebenso wie sein Sohn Hartmut) literarische Denkmäler gesetzt hat. Von ihnen allen und schließlich auch von seinen Mitgefangenen wurde Werner Sylten hoch geschätzt, aber in einer Welt dominierenden Judenhasses geriet er gleichzeitig in die Zone gefährlicher Vorurteile und Denunziationen, in den Bereich keinerlei Widerspruch duldender Machtworte, der Rechtlosigkeit, schließlich in die tödliche Maschinerie der ns. Menschenvernichtung. Mit

[270] Z..B. von Schultze/ Kurschat als Hrsg. von „Evangelische Märtyrer des 20. Jahrhunderts“, s. Literaturver-zeichnis!

seiner Haltung und seinem Tun verkörpert Werner Sylten gerade die „Größe und Kraft reformatorischen Christentums“, welche er in seiner Auseinandersetzung mit dem NS so eindrücklich beschworen hat. Sein letzter Satz (vor dem Abschiedsgruß) in der letzten Nummer der „Grüße aus dem Mädchenheim“ ist auch ein Appell an die Ver-Antwortung eines jeden Christen:

„Nimm jeden Tag aus Gottes Hand mit der Frage:
Was willst du, das ich tun soll?
und gib ihn jeden Abend mit der Bitte zurück:
Ich habe getan, was ich konnte, nicht was ich sollte, niemals was ich müsste;
aber sieh doch auch an, lieber Herr und Gott,
wofür ich Dir danken möchte!“ [271]

Sylten hat jetzt ein Grab auf dem Friedhof der St. Laurentius-Kirchengemeinde in Berlin-Köpenick - unweit seiner letzten Wohnung. - In Bad Köstritz gibt es heute eine Sylten-Str., und in der Nachfolgeeinrichtung des früheren „Mädchen-Heims“, dem Jugendhilfezentrum Wendepunkt, erhielt eines der Häuser auf dem Gelände den Namen „Sylten-Haus“. Werner Sylten wird auch von der israelischen Erinnerungsstätte Yad Vashem als „Gerechter der Völker“ geehrt.

---

[271] HAK 2, Grüße, 5. März 1936

12. FAZIT

Wesentliche Facetten der Biographie Werner Syltens, des christlichen Pfarrers mit jüdischen Wurzeln, des Leiters und Erneuerers des „Thüringer Mädchenheims" in Bad Köstritz 1925-1936, danach Organisators der oppositionellen „Lutherischen Bekenntnisgemeinschaft" in Thüringen, des Helfers und Retters von Juden und „nicht-arischen" Christen in Berlin, des „Märtyrers der Kirche" 1942 in Dachau und Hartheim, werden hier dargestellt. Auf den Spuren von Martin Krautwurst Diplomarbeit (1996) verbreitert und vertieft diese Untersuchung durch Erschließung neuer Quellen das Wissen um personelle, inhaltliche Verbindungen zwischen der Jenaplan-Pädagogik Peter Petersens und der Beschreibung von Syltens christlichem „Mädchenheim".

Syltens Heimpädagogik 1925-1936 steht dabei im Kontrast zur *vorangegangenen*, in den 20-er Jahren noch wirksamen autoritären Anstaltserziehung aus den Zeiten des Kaiserreichs, dann wieder zur *nachfolgenden* Gestaltung des Heims als Organ nationalsozialistischer Indoktrination. Syltens Heimkonzept wird mit den frühen Überlegungen Petersens zu einer Heimpädagogik (in einem Vortrag von 1924) konfrontiert und dabei in vielen Details Übereinstimmung sowohl in den Grundgedanken als auch in den strukturellen, räumlichen und zeitlichen sowie didaktischen und methodischen Vorgaben konstatiert. Zugleich zeigen sich auch zahlreiche inhaltliche Bezüge zur aktuellen Schulpädagogik von Jenaplan 21. Diese vielen Querverbindungen zwischen Syltens Heimkonzept und dem Jenaplan lassen sein pädagogische Praxis als eine weitere Ausformung des Jenaplans erscheinen, zumal da Petersen außer seinem Schulmodell Jenaplan auch pädagogische Entwürfe auf anderen Feldern der Pädagogik (Kindergarten, Berufsschule) geschaffen und umgesetzt hat.

Dieser Beitrag sieht Werner Sylten nicht einfach als „Märtyrer", als passives Opfer der nazistischen Verhältnisse, sondern zunächst und vor allem als proaktiven Verteidiger der Menschenrechte, als rührigen Gestalter einer humanen Einrichtung für junge Frauen und damit auch als Beschützer ihrer Unversehrtheit und ihrer Chancen auf ein gelingendes Leben. Trotz seiner überaus erfolgreichen Tätigkeit als Leiter des Heims wurde Sylten durch die im NS herrschenden Politiker in Staat *und* Kirche aus seinem Amt gedrängt. Diese führenden Kreise und Gegner Syltens werden hier in ihrem Wollen und Tun beschrieben. Konsequent wurde Sylten zum Vertreter der Rechte der Menschen jüdischer Abstammung auf Leben (vor allem in seiner Zeit nach Köstritz).

Syltens Jenaplan seit der Mitte der 1920-er Jahre (mit seinem Focus auf Inklusion stark geschädigter und benachteiligter Mädchen) stellt ebenso wie

Petersens Universitätsschule in Jena (als Zufluchtsort bedrohter, auch „halbjüdischer" Kinder) bereits eine Realisierung heutigen demokratiepädagogischen und an den Menschenrechten orientierten Denkens dar. So gibt es auch einen unlöslichen Zusammenhang zwischen Syltens Einsatz für humane Verhältnisse im Heim und seiner hier ebenfalls beschriebenen öffentlichen Auseinandersetzung mit dem nationalsozialistischen Rassismus. Syltens Antirassismus entspringt einem Humanismus christlicher Prägung und widerspricht aus der Sicht eines in Verantwortung stehenden Fachmanns der nazistischen These „in manchen falsch unterrichteten Kreisen", als ob es sich bei solchen Jugendlichen, die der Fürsorgeerziehung bedürfen, ohne weiteres um *rassisch und völkisch wertlose Menschen* handelte. Aus Syltens „Blutzeugenschaft" erwächst schließlich die Frage nach der Schuld der für seine Exklusion und seinen frühen Tod in Hartheim Verantwortlichen. Dieser Frage wird in einer historisch differenzierenden Weise nachgegangen.

QUELLEN UND SEKUNDÄRLITERATUR

Quellen

Landeskirchenarchiv (**LKA**) Eisenach

Nachlass Grundmann, *LKA Eisenach, Archivalien-Signatur 35*
Aufsatz 6. Fürsorgeerziehung a) Das Thüringer Mädchenheim in Bad Köstritz (undatiert , aber kurz nach 1945 verfasst; 5 Blätter)

[Jahres]**Bericht** [(2)] von **Sylten** über das Thüringer Mädchenheim in Bad Köstritz, (1927 - 1928) *LKA Eisenach, Archivalien-Signatur: 1*

Untermhäuser **Parteifrauengruppe,** Bericht über ihren Besuch im Köstritzer Mädchenerziehungsheim; *LKA Eisenach, Archivalien-Signatur: 1, Anlage 3*

Marianne **Mehnert** (Febr. 1978), Bericht aus der Zusammenarbeit mit Pfarrer Sylten, 1925 - 1936 (8 Seiten MS), *LKA Eisenach, Archivalien-Signatur 2* - großenteils auch wiedergegeben bei Köhler (1978), Die Welt braucht...

Vorgänge betr. Pfarrer Sylten in Bad Köstritz (1936), *LKA Eisenach, Archivalien-Signatur 4 (Sign.4722)*

Rainer Stahl (1995) Zum Gedenken an Werner Sylten in "Glaube und Heimat“, *LKA Eisenach, Archivalien-Signatur 4*

Bruno **Köhler** (1978), „Die Welt braucht viel, viel Liebe“ - Werner Sylten, hrsg. vom Lutherhaus Eisenach, *LKA Eisenach, Archivalien-Signatur: 6*

Bericht von **Sylten über** das Geschäftsjahr 1929/30 *LKA Eisenach Akten des LKR zum Thüringer Mädchenheim Generalakten Teil 2, Nr. A 530-2*

Archiv für Diakonie und Entwicklung (**ADE**) Berlin

Hede **Wendler**-Köstritz (1926), Erzieherin: Aus der Arbeit der Inneren Mission in Thüringen. Ein *Brief* aus dem Thür. Mädchenheim...Köstritz (Sonder-Abdruck aus „Glaube und Heimat“. Thüringer Monatsblatt für das evangelische Haus, hrsg. von Volksdienst der Thür. ev. Kirche in Eisenach; *ADE, CA (Central-Ausschuß der Inneren Mission Berlin)/Stat.Slg.1725*

Jahresbericht (0) **„Tätigkeitsbericht** Januar-November 1925“ Syltens (vom 27.10.1925) *ADE, CA/Stat.Slg.1725* - Dieser in der Liste von Krautwurst S.80 gar nicht, auch nicht als „fehlend“, verzeichnete Bericht ist praktisch der Vorläufer aller nachfolgenden Jahresberichte und ist nun nachlesbar in der Sammlung bei ADE.

Jahresbericht (2a) April 1928 bis März **1929** von Sylten - als Sonderdruck aus „Glaube und Heimat.“ Thüringer Monatsblatt für das evangelische Haus, hrsg. von Volksdienst der Thür. ev. Kirche in Eisenach.
Dieser Jahresbericht gilt nach der Liste von Krautwurst, S.80, noch als fehlend und „nicht mehr auffindbar“, der erste Teil dieses Berichtes ist nun aber über ADE durch den der Sammlung beigelegten Sonderdruck aus „Glaube und Heimat“ wieder zugänglich und wird hier nach diesem Abdruck zitiert: *ADE, CA/Stat.Slg.1725*

Jahresbericht (13) April 1937-März 1938 von Pf. Leuchtenberger *ADE, CA/Stat.Slg.1725*

Bildrechte:

Titelbild, Bilder S. 15, 18, 21, 31, 70 – Bruno Köhler (Eisenach)
Bild S. 68 - Martin Krautwurst (Jena)
Bilder S. 16, 78 und 88 – Walter Sylten (Berlin)

Martin Krautwursts Diplomarbeit und die zugehörige „Handakte" in vier Teilen:

Krautwurst, Martin (1996), Der pädagogisch-theologische Ansatz des Pfarrers Werner Sylten, dargestellt anhand der Jahresberichte aus dem Thüringer Mädchenheim in Bad Köstritz von 1925 bis 1936.
Unveröff. *Diplomarbeit* im Fach Religionspädagogik der theologischen Fakultät der Friedrich-Schiller-Universität Jena, war lange nur einsehbar im Jugendhilfezentrum Wendepunkt, Bad Köstritz, jetzt aber komplett veröffentlicht , s. Literaturverzeichnis!

Die **„Handakte"**von Krautwurst (**HAK 1, 2** etc.) gehört zu seiner Diplomarbeit. Sie enthält die Kopien von öffentlichen, aber entfernt liegenden Archiv-Quellen Krautwursts aus Eisenach und Weimar sowie von nicht öffentlich zugänglichen Akten (aus Privatbesitz) sowie weiteren Dokumenten und Berichten.
Diese *„Handakte" in vier Teilen* bietet die Zusammenstellung der wichtigsten Dokumente im Zusammenhang mit Sylten und dem Mädchenheim, nämlich in vier gebundenen unpaginierten Büchern mit den diversen Dokumenten - zusammen über 450 Seiten. Sie werden hier *zitiert als HAK (Teil 1 - 4)*, Jb (Jahresbericht, im Wesentlichen in der Anordnung nach Krautwurst (1980), S."86", d.h. die 4. Seite nach S.82) - nach der Angabe des Jahresberichts folgt noch meist eine von mir (HD) hinzugesetzte Seitenzählung, um ein Wiederfinden der Quellenangaben zu erleichtern.
Es ist ein weiteres Verdienst von Martin Krautwurst, dass er - über die Titelangabe seiner Diplomarbeit hinaus, dort war nur von der Auswertung der „Jahresberichte" Syltens die Rede - auch etliche andere Quellen in der umfangreichen Handakte zusammengeführt hat, die heute im Jugendhilfezentrum Wendepunkt Bad Köstritz zur Verfügung stehen.

Übersicht über *die vier Teile der Handakte*:
HAK 1 ***Jahresberichte*** von Pf. Werner Sylten, hier die Fassung von Krautwurst S.80, jedoch in verbesserter Form :

Jb„0"„Tätigkeitsbericht Januar-November 1925" (vom 27.10.1925)
Jb 1 November 1925 bis November 1926
54
Jb „1a" Nov. 1926 bis April 1927 fehlt/nicht mehr auffindbar
Jb 2 April 1927 bis März 1928
Jb 2 April 1927 bis März 1928 - wie Jb 2, aber in goth. Lettern und mit einem anderen Schlussabschnitt
Jb „2a" April 1928 bis März 1929 laut Krautwurst „fehlt/nicht mehr auffindbar" - teilweise aber doch erhalten! Siehe meine Erläuterung unter ADE!
Jb 3 April 1929 bis Juni 1930
Jb 4 Juni 1930 bis April 1931
Jb 5 Mai 1932 bis März 1932
Jb 6 April 1932 bis März 1933
Jb 7 April 1933 bis September 1933
Jb 8 Oktober 1933 bis August 1934
Jb 9 April 1934 bis März 1935 (teilweise überlappend mit Jb 8)
Jb 10 April 1935 bis März 1936 - diesen Bericht schrieb als seinen letzten Werner Sylten „auf Anordnung der Inneren Mission", also nicht so selbstverständlich und freiwillig wie Jb 0-9 !

von Oberlehrer Götz:

Jahresbericht 11 April 1936 bis September 1936

von Pfarrer Leuchtenberger:

Jb 12 Oktober 1936 bis März 1937 - dieser Bericht ist von Pf. Leuchtenberger gezeichnet und sicher auch geschrieben

Jb 13 April 1937 bis März 1938

HAK 2 ***Protokolle*** (der Vorstandssitzungen des Thüringer Mädchenheims Bad Köstritz 1928-1936),

Satzungen für das Thüringer Mädchenheim (bisher Thür. Frauenasyl) vom 2.10. 1925 und von 1941

Zeitschrift „Grüße *aus dem Thüringer Mädchenheim Bad Köstritz*"

ursprünglich monatlich ab Herbst 1932 (Siehe HAK 1, Jb 6, S.VIII) als Nebenausgabe („Kopfblatt") des monatl. erscheinenden offiziellen Thüringer Kirchenblatts „Glaube und Heimat" erscheinend, später (wohl) ab Herbst 1934 vierteljährlich (Siehe das Datum des „Berichts" (27.8.1934) und den Hinweis in HAK 1, Jb 8, S.XI sowie Grüße, Okt.1934, S.4), endend mit dem erzwungenen Abgang Werner Syltens März 1936.

Die letzten Nummern der (noch vorhandenen) „Grüße" ab März 1935 erschienen in dem Verlag Verein „Thüringer Evangelisches Sonntagsblatt", das der innerkirchlichen Opposition der „Lutherischen Bekenntnisgemeinschaft" (LBG) zugerechnet wurde.

Von den „Grüßen…" noch erhalten/auffindbar lt. Krautwurst (2018), S.80.

1933: Februar, April, Mai Juni, Juli, August, Oktober, November

1934: Januar, Februar, Oktober, Dezember

1935: März, Juni, September

1936: März - dieses letzte Heft enthält nur den „persönlichen" Sylten-Teil

HAK 3 Aktenmaterial aus den Archiven (ausweislich der mit gr. Lettern überschriebenen Archive sind hier wohl nur zwei, die in Betracht kamen):

Thüringer Hauptstaatsarchiv Weimar - Akten des Thür. Ministeriums des Innern

E 217 E 300 E 346 E 375 E 376 E 377

Archiv der Evangelisch-lutherischen Landeskirche in Thüringen Eisenach

G 1091 Bd.1 Personalakte Werner Sylten 1925-1933

G 1091 Bd. 2 Personalakte Werner Sylten 1934-1978

A 530 Bd.1 Das Thüringische Frauenasyl in Köstritz 1921-1929

A 530 Bd.2 Das Thüringer Mädchenheim in Bad Köstritz 1930-1950

HAK 4 Briefe, Dokumente, Erinnerungsberichte, Schriften, Urkunden, Zeitungsartikel

Cyra, Karl -Schriften und Aufzeichnungen

Bauer, Heinrich - Gedenkreden

Degner, Fritz, Gera -/Bad Köstritz - ein Schreiben von seinem Freund Werner Sylten

Grüber, Hartmut (Sohn von Heinrich Grüber), Pfarrer Werner Sylten - Leben und Werk, 1992

Grüber, Heinrich - In Memoriam Werner Sylten - Erinnerungsbericht

Köhler, Bruno , Sammlung von Materialien, Brief- und Schriftverkehr

Marquart, Christiane - Brief

Mehnert, Marianne (Erzieherin und Oberschwester im Thüringer Mädchenheim in Bad Köstritz), Bericht aus der Zusammenarbeit mit Pf. Sylten 1925-1936, Februar 1978

Pabst, Walter (Vikar/Bekennende Kirche in Gotha) Erinnerungsbericht 1992,

Sylten, Reinhard, Berlin - Sohn Werner Syltens

Sylten, Walter, Berlin - Sohn Werner Syltens

Weißhuhn, Herbert, Zum Andenken an Werner Sylten, Aug. 1974

Sekundärliteratur

Begas, Marie (2016), Tagebücher zum Kirchenkampf 1933-1938. Hg. von Heinz-Werner Koch, Folkert Rickers und Hannelore Schneider Zum Druck gebracht von Johannes Mötsch (1128 Seiten!) (= Veröffentlichungen der Historischen Kommission für Thüringen. Große Reihe Bd.19) Böhlau Verlag Köln Weimar Wien

Böhm, Susanne (2005), Gerhard von Rad in Jena. In: Becker, Uwe und van Oorschot, Jürgen (Hgg), Das Alte Testament - ein Geschichtsbuch?!...Leipzig, S. 203-240 (Dieser Aufsatz ist die gekürzte und leicht überarbeitete Fassung von Susanne Böhms Diplomarbeit 1996, siehe S.203 Anm. 1)

Böhm, Susanne (2008), Deutsche Christen in der Thüringer evangelischen Kirche (1927-1945), Evangelische Verlagsanstalt Leipzig

Both, Kees (2001, 3. Aufl. **2015**), Jenaplan 21. Schulentwicklung als pädagogisch orientierte Konzeptentwicklung, hrsg. von Oskar Seitz, Baltmannsweiler

Both, Kees (2009), Die Schule als Lebens- und Arbeitsgemeinschaft. Zur Diskussion um die Wertebildung durch Schule. In: KINDERLEBEN. Zeitschrift für Jenaplan-Pädagogik, H.29, S.25-31

Both, Kees (2018) im Interview mit Geert Bors: „Natuurliefde is in onze neurologische bedrading vastgelegd" (Naturliebe ist in unserer neuronalen Vernetzung festgelegt). In: Mensenkinderen, Tijdschrift voor en over jenaplanonderwijs Jg.33, nummer 160, maart 2018, p.16-19

Draeger, Hartmut (2005), Schule als Zufluchtsort. Buchhinweis zu: Eberhard Röhm/Jörg Thierfelder, Juden – Christen – Deutsche. Band 4/I 1941-1945 - Vernichtet. Calwer Verlag 2004. In: KINDERLEBEN. Zeitschrift für Jenaplan-Pädagogik, H.21. Juli 2005, S.58-61

Draeger, Hartmut **(2007**), Kinderrechte auf dem Prüfstand. Aufrüttelnde Berichte von Kindersklaven und Gefängniskindern. In: BOLIVIA. Berichte und Analysen [BERLIN] Nr. 151, Aug.- Okt. 2007, S. 11-17

Draeger, Hartmut **(2013)**, Der Jenaplan und die Rechte des Kindes. In: KINDERLEBEN. Zeitschrift für Jenaplan-Pädagogik H.36. Mai 2013, S. 4-26; auch auf der Website www.jenaplan-heute.de/Jenaplan/Gruppe]

Draeger, Hartmut **(2015)**, Petersen, Montessori und ihr Verhältnis zu Jugendarbeit, Pfadfindertum und Jugenderziehung überhaupt - auf der Website: www.jenaplan-heute.de/Geschichte

Draeger, Hartmut **(2018)**, Der niederländische Jenaplan - richtungweisend für eine Erneuerung von Schule. In: Timo Jacobs & Susanne Herker (Hrsg.) (2018), Jenaplan-Pädagogik in Konzeption und Praxis. Perspektiven für eine moderne Schule, S.47-63

Fauser, Peter (2012), Eine demokratische Schule? Die Universitätssschule Jena in ihrer Weimarer Gründungszeit. Versuch einer demokratiepädagogischen Qualitätsanalyse ihrer Praxis. In: Fauser, Peter (Hrsg.), John, Jürgen (Hrsg.), Stutz, Rüdiger (Hrsg.), Faludi, Christian (Mitarb.) (2012), Peter Petersen und die Jenaplan-Pädagogik. Historische und aktuelle Perspektiven.Stuttgart, S.161-226.

Grüber, Probst Heinrich (1968) Erinnerungen aus sieben Jahrzehnten, Kiepenheuer&Witsch, Köln Berlin

Jacobs, Timo & Herker, Susanne (Hrsg.)(**2018)**, Jenaplan-Pädagogik in Konzeption und Praxis. Perspektiven für eine moderne Schule, Schneider Verlag Hohengehren

Kähler, Christoph (**2005**) Zum Umgang der Thüringer Landeskirche mit dem Widerstand in zwei deutschen Diktaturen. Beobachtungen am Beispiel des Martyriums von Pfarrer Werner Sylten In: Martin Leiner/Hildigund Neubert/Ulrich Schacht/ Thomas A. Seidel (Hg.)(2005), Gott mehr gehorchen als den Menschen. Christliche Wurzeln, Zeitgeschichte und Gegenwart des Widerstands V&R unipress Göttingen, S.231-242 [=Vortrag in Neudietendorf 2004]

Kähler, Christoph (**2017**), Den lebendigen Menschen sehen! Werner Sylten zum Gedächtnis. Vortrag am 5. September 2017 auf Einladung der Gesellschaft für Christlich-Jüdische Zusammenarbeit in Berlin. Im Anhang zu: *Köhler* (2017), S.117-129

Kappeler, Manfred **/ Hering,** Sabine **(2017),**
Eine Einführung zur Geschichte der Kindheit und Jugend im Heim, Fachhochschule Potsdam 2017 (MS, 35 Seiten), siehe http://www.paritaet-rps.org/fileadmin/Resources_rti/Public/Redaktion/Redaktion_Saarbruecken/2017/Kinder_und_Jugendhilfe/Dokumente/Heimerziehung_Geschichte.pdf DL 22.3.2018

Kleinespel, Karin (2001) Das pädagogische Experiment. Oder: "Wie entsteht Erkenntnis von einer besseren Pädagogik?" In: Ralf Koerrenz / Will Lütgert (Hrsg.) (2001), Jenaplan. Über die Schulpädagogik hinaus. Beltz Verlag Weinheim und Basel, S.27-42

Kluge, Barbara (1992), Peter Petersen. Lebenslauf und Lebensgeschichte. Auf dem Weg zu einer Biographie. Heinsberg: Dieck, 440 S.; Zugl.: Giessen, Univ., Diss.1991.

Koerrenz, Ralf (2012) Schulmodell: Jena-Plan. Grundlagen eines reformpädagogischen Programms. Schöningh Paderborn. München. Wien. Zürich

Köhler, Bruno (**1978**), „Die Welt braucht viel, viel Liebe" - Werner Sylten, hrsg. vom Lutherhaus Eisenach, jetzt auch *LKA Eisenach, Archivalien-Signatur: 6, seit neuestem als Neuauflage von 1978 die* ***Auflage von 2017*** *(herausgegeben von der Diakonischen Förderstiftung „Werner Sylten" Bad Köstritz ISBN 978-3-939848-59-2 , aber mit neuen Vorworten, Nachwort und als „Anhang" der Vortrag von Prof. Kähler zum Gedenken an Werner Sylten am 5.9.2017 in Berlin „Den lebendigen Menschen sehen"; die Ausgabe von 2017 hat wegen der Zusätze eine andere Seitenzählung als die Ausgabe von 1978.*

Köhler, Bruno (**1980**)**,** Gotha, Berlin, Dachau: Werner Sylten, Stationen seines Widerstandes im Dritten Reich. Radius-Verlag Stuttgart

Kogge, David (2008), Werner Sylten. Aspekte seines Wirkens im Dritten Reich. Wissenschaftliche Hausarbeit im Rahmen der Ersten Theologischen Prüfung im Fachbereich Kirchengeschichte der Theologischen Fakultät der Friedrich-Schiller-Universität Jena

Krautwurst, Martin (2018), Der pädagogisch-theologische Ansatz des Pfarrers Werner Sylten, (dargestellt an Hand der Jahresberichte aus dem) Thüringer Mädchenheim in Bad Köstritz von 1925 bis 1936, Fromm Verlag Mauritius, ISBN 978-620-2-44102-5 (Dieses gut 80 Seiten umfassende Buch ist - von einem Vorwort Prof. Christoph Kählers (2001-2009 Landesbischof der Evangelisch-Lutherischen Kirche in Thüringen) 2018 abgesehen - identisch mit der Diplomarbeit 1996, s.o.)

Ludwig, Hartmut (2009), An der Seite der Entrechteten und Schwachen. Zur Geschichte des „Büro Pfarrer Grüber" (1938-1940) und der Ev. Hilfsstelle für ehemals Rasseverfolgte nach 1945 (herausgegeben von der Ev. Hilfsstelle für ehemals Rasseverfolgte) Logos Verlag Berlin

Ludwig, Hartmut (**2014**) Kurzbiographie Werner Sylten, in: Ludwig, Hartmut und Röhm, Eberhard in Verbindung mit Jörg Thierfelder (Hg.) (2014) Evangelisch getauft - als „Juden" verfolgt. Theologen jüdischer Herkunft in der Zeit des Nationalsozialismus. Ein Gedenkbuch. Calwer Verlag Stuttgart, S.340 f.

Ludwig, Hartmut **(2017)** "Die Welt braucht viel, viel Liebe". Vor 75 Jahren ermordeten die Nazis Werner Sylten wegen seines reformpädagogischen und kirchenpolitischen Wirkens. In: Zeitschrift „Die Kirche" (Berlin) 13.8.2017, S.5

Markschies, Christoph (1998): Bemerkungen zur Diskussion über den „Thüringer Weg". In: Thomas A. Seidel (Hrsg.),Thüringer Gratwanderungen...: ... zur 75-jährigen Geschichte der evangelischen Landeskirche Thüringens. Leipzig, S.209-220

Meier, Kurt (1976), Der evangelische Kirchenkampf, Bd.2. Gescheiterte Neuordnungsversuche im Zeichen staatlicher „Rechtshilfe" VEB Max Niedermeyer Verlag Halle (Saale)

Meyer, York-Herwart (1997), Geschichte des Evangelischen (Reichs)-Erziehungsverbandes (EREV).
Zur Entstehung und Entwicklung eines diakonischen Fachverbandes.
Inauguraldissertation zur Erlangung des Grades eines Doktors der Theologischen Fakultät Heidelberg

Petersen, Peter (1925), Jugendfürsorge als Erziehungsarbeit. Ein *Versuch* vom Standpunkte der ‚Neuen Erziehung (Lübecker Vortrag 1924), in: Petersen (1925), Innere Schulreform und Neue Erziehung. Gesammelte Reden und Aufsätze. Hermann Böhlaus Nachfolger Weimar, S.265—293

Petersen, Peter **(1926)**, Die Neueuropäische Erziehungsbewegung, Weimar 1926.

Petersen, Peter **(1929)**, Der Jena-Plan einer freien allgemeinen Volksschule, 2.erw. A. , Beltz Verlag, Langensalza-Berlin-Leipzig

Petersen, Peter **(1931)**, Der Ursprung der Pädagogik, De Gruyter, Berlin und Leipzig

Petersen, Peter **(1937)**, Führungslehre des Unterrichts, Beltz Verlag Langensalza-Berlin-Leipzig

Petersen, Peter (1935 ff. **1938**): Schulgemeindevorlesung und Texte zur Gemeinschaftspädagogik. In: www.jenaplan-archiv.de/ld-texte/pp-selbst-ns.pdf , übertragen von in Stenotachygraphie geschriebenen Texten und hrsg. von WalterStallmeister DL 21.10.2014; dazu s. im Einzelnen: Draeger (2015), Abschnitt: Widerstand gegen die totale Gleichschaltung

Petersen, Peter (1937/ Neuausgabe **1984** nach der 10. Aufl.1971), Führungslehre des Unterrichts, Weinheim und Basel

Peter Petersen (**1996**), Der Kleine Jena-Plan einer freien allgemeinen Volksschule, Weinheim, 61. Aufl. 1996 (Neuausgabe)

Petersen, Peter / Wolff, Hans (1925), Eine Grundschule nach den Grundsätzen der Arbeits- und Lebensgemeinschaftsschule. Weimar

Rad, Gerhard von (1937), Das Alte Testament - Gottes Wort für die Deutschen, Klares Ziel 1, Berlin

Retter, Hein (2007), Reformpädagogik und Protestantismus im Übergang zur Demokratie. Studien zur Pädagogik Peter Petersens, Peter Lang-Verlag, Frankfurt/M.

Retter, Hein **(2010)**, Die Universitätsschule Jena – Zufluchtsort für bedrohte Kinder im Nationalsozialismus. Zugleich eine Kritik jüngster „Petersen-Forschung". Jena

Retter, Hein (**2017**),
*Martin_Luther_die_Juden_der_Nationalsozialismus*__Kritische_Nachlese_zum_Reformationsjubilaum
https://www.researchgate.net/publication/321883295_ (Der Aufsatz ist auch in der Zeitschrift International Dialogues on Education, 2017, Volume 4, Number 3, pp. 103-126 veröffentlicht.)

Röhm Eberhard (1985), Sterben für den Frieden. Spurensuche Hermann Stöhr (1898-1940) und die ökumenische Friedensbewegung

Röhm, Eberhard **(1993)**, Die Welt erkennen so wie sie ist, und dann sie zu lieben..." Werner Sylten (1893-1942), in: Diakonie 19 (1993), 320-324

Röhm, Eberhard/**Thierfelder**, Jörg **(1995),** Juden-Christen-Deutsche, Band 3/II: 1938-1941. „Ausgestoßen", Calwer Verlag Stuttgart; zu Sylten besonders S. 305-329.

Seidel, Thomas (1998) (Hrsg.),Thüringer Gratwanderungen...: ... zur 75-jährigen Geschichte der evangelischen Landeskirche Thüringens. Leipzig

Stutz, Rüdiger (2012), „Lehrerbildung im Irrgarten der Politik"... in Fauser u.a.(Hrsg.) 2012, Peter Petersen und die Jenaplan- Pädagogik. Historische und aktuelle Perspektiven. Stuttgart, S.337-385

Sylten, Walter (2009), Nachwort Walter Sylten. Erinnerungen eines langjährigen Vorstandsmitgliedes. In: Ludwig (2009), S.(161-180) 178 f.

Teensma, Nanouk / Draeger, Hartmut (2018) Feiern in Jenaplan-Schulen - Praxis und Motive. In: Jacobs, Timo & Herker, Susanne (Hrsg.)(2018), Jenaplan-Pädagogik in Konzeption und Praxis. Perspektiven für eine moderne Schule, Schneider Verlag Hohengehren, S.390-396

Thierfelder, Jörg (2006), Werner Sylten, in: Schultze, Harald u. Andreas Kurschat unter Mitarbeit von Claudia Bendick (2006), „Ihr Ende schaut euch an...". Evangelische Märtyrer des 20. Jahrhunderts, EVA Leipzig, S.452-454

Vreugdenhil, Kees (1992), De Führungslehre van Petersen. 2 delen (deel 1; deel 2), Groningen

https://de.evangelischer-widerstand.de/#/menschen/Sylten/D4020
https://www.researchgate.net/publication/321883295_
www.jenaplan-heute.de
www.werner-sylten-stiftung.de

DANKSAGUNG

An dieser Stelle möchte ich allen Dank sagen, die mir bei der Materialbeschaffung und durch Austausch und zusätzliche Erläuterungen geholfen haben:

Dr. Hannelore Schneider vom LKA in Eisenach bei der Zusammenstellung der gewünschten Materialien,

Dr. Michael Häusler und Dirk Ullmann vom Archiv des Evangelischen Werkes für Diakonie und Entwicklung Berlin, (ADE), für Materialbeschaffung und Hintergrundgespräche,

den „Studis" in der Theologischen Bibliothek der Humboldt-Bibliothek Berlin für manche Handreichung und Unterstützung,

Pf. Martin Krautwurst für Ratschlag und Quellenhinweise,

Herrn Christian Lippmann vom heutigen Jugendhilfezentrum „Wendepunkt" in Bad Köstritz für gastfreundliche Aufnahme in seiner Bibliothek, Informationen über das Haus und die befristete Überlassung der „Handakte" von Martin Krautwurst,

Herrn Michael Frankenstein, Vorstandsvorsitzender der Diakonischen Förderstiftung „Werner Sylten" Bad Köstritz für ein ausführliches Gespräch über seine Sylten-Kontakte und die Arbeit seiner Stiftung,

Frau Sabine Kammerer vom Studiendekanat Theologie der Friedrich-Schiller-Universität Jena für die Zusendung einer wissenschaftlichen Hausarbeit,

nicht zuletzt Herrn *Walter Sylten (*Sohn von Werner S.) und Familie (mit Frau Adelheid und Nichte Gesine) für umfassende Gesprächsbereitschaft und authentische Antworten auf meine Fragen im „Sommerinterview" am 16.7.2018 in seinem Haus.

DESIDERATA für weitere Beschäftigung mit Leben und Werk Werner Syltens:

Die bisher vorliegenden Quellen, Dokumente, Schriften und Artikel zum Leben Syltens sind praktisch „Vorarbeiten“ für die heute mögliche und auch „fällige“ Gesamtbiographie Werner Syltens. Diese sollte m.E. von einem jüngeren Wissenschaftler, evtl. tüchtigen Doktoranden in Angriff genommen werden.
Für die theologische und pädagogische Entwicklung Syltens wäre sicher noch eine Auswertung von Syltens „*Diarium*“ in Hildesheim/Himmelsthür von Belang (s. Kogge (2008), S.6). Auch ein weiter gehender Vergleich des Heim-Modells Syltens mit anderen fortschrittlichen Heimen der damaligen Zeit einschließlich anderer christlicher Heime mit dem Anspruch einer humanen Pädagogik (vgl. Kähler 2017, 125 Anm.15 . 126 f.) wäre wichtig sowie die Quellensammlung zum Heim in Himmelsthür etc. von Ulrike Winkler/Hans-Walter Schmuhl - s. Kähler, ebd. 126). Erhellend wäre sicher auch eine vertiefende Betrachtung der einschlägigen Beiträge des damaligen Diskurses im *Evangelischen Reichs-Erziehungs-Verband (EREV) oder* der Arbeit und Kontakte Syltens im Büro der Lutherischen Bekenntnisgemeinschaft (LBG) in Gotha (s.a. Kähler 2017, S.118 f.).

Werner Sylten ca.1936 mit seinen Söhnen Reinhard und Walter

(Quelle: https://de.evangelischer-widerstand.de/#/menschen/Sylten/D4019)

Printed by Books on Demand GmbH, Norderstedt / Germany